RELATION

DE QUATRE VOYAGES

DANS

LE PAYS DES HOTTENTOTS

ET DANS

LA CAFFRERIE,

Pendant les années 1777, 1778 & 1779;

Par le Lieutenant GUILLAUME PATTERSON.

Traduit de l'Anglois par M. T... M*****

A PARIS,

Chez LETELLIER, Libraire, quai des Augustins.

1790.

AVERTISSEMENT.

ON ne préfente pas ici au Lecteur un roman fous le titre de *Voyages*. Il n'auroit pas été difficile de donner le tableau d'une Arcadie au milieu des déferts de l'Afrique , ou d'attribuer aux habitans de la Caffrerie tout le luxe & toute la délicateffe qui caractérifoient les habitans de l'ancienne Athènes. Ce n'eft guère une tâche plus facile à remplir d'obferver que d'inventer.

En mettant cet Ouvrage au jour, je n'ai pas fuivi la méthode ufitée de compiler ceux qui ont paru auparavant; & j'ofe efpérer que cette connoiffance ne diminuera en rien fa valeur aux yeux des Perfonnes raifonnables; puifque ce qu'elles perdent du côté de l'agrément, elles le regagnent par l'authenticité. Le Public peut être affuré que l'on ne lui préfente ici que des faits. Tout a été écrit fur les lieux, fans que l'on y ait fait depuis aucune addition, ou que l'on ait cherché à donner plus d'élégance au ftyle : on s'eft contenté d'être fcrupuleufement exact.

L'Auteur ayant été affez heureux pour vifiter, dans le cours de fes voyages, quelques parties où n'avoient pas encore pénétré les Européens, il fe flatte d'avoir ajouté quelque chofe à la maffe générale des connoiffances en Géographie & en Hiftoire naturelle.

RELATION

RELATION
DE QUATRE VOYAGES
DANS
LE PAYS DES HOTTENTOTS
ET DANS
LA CAFFRERIE,
Pendant les Années 1777, 1778 & 1779.

PREMIER VOYAGE.

INTRODUCTION ; ⸺ *Départ du Cap, en octobre 1777, avec le Capitaine Gordon ;* ⸺ *Voyage sur le rivage de Falſe-bay ;* ⸺ *Productions de la nature dans ce pays ;* ⸺ *Hollandois-Hottentots ;* ⸺ *Hang-Lip ;* ⸺ *Rivière Palmita ;* ⸺ *Rivière Knoſlick ;* ⸺ *Kraal juſques à How-Hook ;* ⸺ *Lion tué ;* ⸺ *Bains chauds ;* ⸺ *Obſervations ſur la chaleur de l'eau des*

A

2　　*Voyages dans le Pays des Hottentots*

bains ; ⸺ *Départ des bains chauds ;* ⸺ *Pre-*
mier Kraal des Hottentots près le Tigre-
Hook ; ⸺ *Rivière Breed ;* ⸺ *Arrivée à Zwel-*
lendam, lieu de la réfidence du Chef de la
Juftice ; ⸺ *Route à Grootfaders-Bofck ;* ⸺
Terre d'Egypte ; ⸺ *Productions ;* ⸺ *Paffage*
du Plata - Kloaf à la terre de Channa ; ⸺
Obfervations fur l'ufage du Channa, mélé
avec le Dacka ; ⸺ *Climat & Sol ;* ⸺ *Slang*
river, ou rivière du Serpent ; ⸺ *Rivière de*
Saffran ; ⸺ *Rivière de l'Eléphant ;* ⸺ *Acci-*
dent arrivé à nos bagages ; ⸺ *Arrivée aux*
bains chauds ; ⸺ *Manière d'empêcher que nos*
bœufs de trait ne foient inquiétés par les
lions ; ⸺ *Vallée de l'Ours ;* ⸺ *Etendue de ce*
voyage ; ⸺ *Le Capitaine Gordon continue fa*
route par les montagnes de neige ; ⸺ *Retour*
vers le Cap ; ⸺ *Rencontre des Ingénieurs qui*
levoient le plan de ce pays ; ⸺ *Hottentots-*
Chonacquas ; ⸺ *Lionne tuée ;* ⸺ *Rencontre*
de quelques habitans qui alloient au Cap ; ⸺
Arrivé du Kloaf Atquas ; ⸺ *Courte defcrip-*
tion de la terre d'Hottniqua ; ⸺ *Arrivée au*
Cap.

Mai
1777.

IL n'y a aucune partie du monde qui foit fi peu connue des Européens, que les vaftes régions de l'Afrique, fituées au fud de la ligne

Mai 1777.

équinoxiale. L'ambition toujours active de la république Romaine, & le génie explorateur du commerce, n'ont jamais été au-delà de certaines limites. Satisfaits de la conquête & des productions de ces provinces, qui bordent la Mer rouge & la Méditerranée, les Romains confidéroient les autres parties du continent comme de vaftes déferts inutiles à l'homme, à qui ils ne préfentoient qu'un climat brûlant, rafraîchi feulement par les orages & les débordemens des rivières, & dont la poffeffion ne pouvoit rien ajouter à leur gloire ; c'eft pourquoi ils les laifsèrent dans leur antique obfcurité. Les Arabes victorieux, en étendant leurs conquêtes, l'empire des arts & des fciences ne franchirent jamais les limites que les premiers vainqueurs de ces contrées s'étoient marquées à eux-mêmes, & qui, du nord au fud, ne s'étendoient pas beaucoup au-del: de 6 degrés, ou 360 milles.

Jean Leo, qui vivoit au feizième fiècle, paroît avoir à peine connu la moitié de cette partie du globe ; & quoiqu'une grande partie ait été découverte depuis, néanmoins un efpace immenfe nous refte encore inconnu.

Il eft des objets que l'ambition a dédaigné de confidérer, ou qu'elle a cru au-deffous d'elle d'entreprendre, que l'efprit de l'induftrie, non

Mai 1777.

moins actif, a regardé comme digne de son attention, & dont il a tiré tous les avantages possibles. C'est en quelque sorte le cas où nous nous trouvons relativement à l'Afrique, quoique nous soyons encore loin du but où nous pouvons raisonnablement espérer d'atteindre.

La soif de l'or, qui a donné aux Européens le courage nécessaire pour traverser des mers immenses, dans des climats inconnus, afin d'y découvrir de nouvelles limites, & des terres qui sembloient d'abord n'exister que dans l'imagination, a, dans cette partie du monde, fixé leurs opérations par préférence sur les côtes & les campagnes adjacentes. La poudre d'or, qui se trouve sur les montagnes, l'ivoire, & plus que toute autre chose, les déplorables victimes dévouées par la tyrannie & l'avarice, ont encouragé les navigateurs entreprenans à visiter fréquemment quelques parties de ces côtes. Mais leur curiosité ou leur avarice n'étant pas satisfaites ou assez puissantes pour leur inspirer d'autres désirs, ils n'ont pas tenté de connoître une contrée où les bénéfices étoient incertains, & les fatigues ainsi que les dangers inévitables. Les régions intérieures de l'Afrique sont restées par cette raison sans valeur à nos yeux, seulement, peut être, parce qu'elles nous étoient inconnues.

Mais fi l'ambition n'infpira jamais aux vainqueurs du monde le défir d'étendre leur
empire jufques fur les déferts affreux de
l'Afrique , fi le commerce n'a pas invité les
hommes à examiner un pays dont l'apparence
extérieure ne préfentoit rien de féduifant à ceux
qui n'ont d'autre objet que d'accroître leurs
richeffes , & qui puiffe entrer en compenfation
avec les dangers que l'on rencontre à faire la
découverte de ces régions horribles & brûlan-
tes , habitées par des animaux voraces &
des reptiles dangereux ; cependant il eft des
hommes pour qui , malgré toutes leurs terreurs,
ces pays ne préfentent que des objets capables
d'ajouter à leur fatisfaction. Le naturalifte y
trouvera un champ vafte pour fes obfervations,
& là il découvrira des objets capables , par
leur immenfe variété , de fatisfaire tous fes
goûts ; là il verra tous les objets fimples dans l'état
de nature , & confidèrera dans le fauvage Hottentot ces vertus qu'il a peut-être défiré vainement de trouver dans les fociétés civilifées.

Pénétré de ces fentimens , & fortement
excité par la perfpective d'un pays dont les
productions nous font inconnues , je quittai
l'Angleterre avec la réfolution de fatisfaire une
curiofité qui , fi on ne la regarde pas comme
utile à la fociété , eft au moins innocente.

Mai
1777.

Nous arrivâmes au Cap de Bonne-Eſpérance
vers la mi-mai. La ſaiſon étoit trop avancée
pour aller dans la baie de Table (Table bay),
ſans courir quelques riſques, ſuite néceſſaire
des temps variables & inconſtans que l'on
éprouve à cette époque, qui eſt celle des
mouſſons ou des hivernages ; nous jetâmes
l'ancre par cette raiſon à Falſe-bay. Peu de
temps après notre arrivée, une pluie d'avâlaſſe
m'empêcha de voir aucune partie de pays, &
vers la fin de ce mois les montagnes près le
Cap furent couvertes de neige pendant pluſieurs jours : c'eſt ce qui fit que pendant l'hiver je ne pus faire que quelques excurſions
aux environs de la ville du Cap ; pendant ce
temps je fis auſſi les préparatifs néceſſaires à
mon voyage dans l'intérieur, auſſitôt que la
ſaiſon ſeroit plus favorable.

Je fus ſingulièrement favoriſé par la rencontre du capitaine Gordon, (actuellement colonel)
qui avoit voyagé dans ces campagnes quelques
années auparavant, (en 1774) & étoit tout
récemment arrivé de Hollande en qualité de
commandant en ſecond, il devoit ſuccéder au
colonel du Phren, qui étoit alors commandant
en chef. Le colonel Gordon a beaucoup
étudié & eſt très verſé dans toutes les branches
de l'hiſtoire naturelle, & je penſe qu'il eſt le

feul qui ait acquis une certaine connoiffance
de ces pays, d'autant qu'il a voyagé dans l'intérieur des terres, à la diftance de près de
1500 milles du Cap. Il favoit la langue des
Hottentots, ce qui, joint à une parfaite intel-
ligence du Hollandois, lui donnoit un avantage fur la plupart des autres voyageurs.

M. Mafon, dans fa lettre à la Société royale,
ayant décrit la campagne des environs du Cap,
il ne fera pas néceffaire que j'entre dans une
defcription géographique, ou que j'ajoute la
moindre chofe fur ce qui y a rapport, excepté
ce qui fe préfente naturellement à mes obfervations.

L'époque à laquelle je m'étois propofé de
commencer mon long voyage, étoit le commencement d'octobre, lorfque l'atmofphère
eft dans cet état que l'on a fi long-tems défiré,
& prefque toutes les plantes en fleurs ; & pour
cette entreprife, je m'étois déja préparé d'a-
vance par des excurfions journalières, qui me
procurèrent une connoiffance générale du théâ-
tre de mes futures obfervations.

Le 5 octobre 1777, le jour qui précéda
notre départ, nous fûmes témoins d'un phéno-
mène des plus extraordinaires, & que les
habitans attribuent à un vent de nord-oueft
extrêmement froid en pleine mer : un fi grand

Octobre
1777

nombre de poiſſons furent jetés dans la baie
de la Table , particulièrement des cochons de
mer & des eſpadons, & toute la baie en étoit
tellement couverte , que l'on auroit pu croire
facile de la traverſer ſur le dos de ces poiſſons. Près le bord de baie , l'eau étoit teinte
de leur ſang , & pluſieurs centaines de poiſſons
furent jetés à terre par les vagues ; les
habitans les coupèrent par morceaux pour en
extraire l'huile.

Le 6 , ayant envoyé nos bagages en avant ,
le capitaine Gordon & moi nous quittâmes
la ville du Cap , & procédâmes le long du bas
de la montagne de la Table ; cette route conduit vers Conſtantia. Nous dinâmes dans la
maiſon de M. Beker , qui n'eſt qu'à 2 milles
de Conſtantia , cette maiſon étant avantageu-
ſement ſituée , & à l'abri des vents de nord-
oueſt & de ſud-oueſt. Cet endroit produit d'excellens vins , quoique ſa ſituation ſoit baſſe ;
Conſtantia néanmoins eſt préférable à tous les
autres endroits de ce diſtrict , non-ſeulement
parce qu'il eſt un peu plus élevé , mais auſſi
par la nature de ſon ſol , qui eſt un ſable léger
& gras.

Toute la campagne abonde en *protea argentea* ,
en pluſieurs ſortes de leucadendrons , en
éricas , (bruyères) & gnaphaliums, (patte de

Oſtobre
1777.

lion) dont pluſieurs échantillons ont été envoyés en Europe. Nous paſsâmes cette nuit
en un lieu appelé *Sand-Fleet* , qui appartient à
un riche fermier nommé *Etain.* Il eſt inutile
de donner de nouveaux éloges à la manière
dont ces peuples exercent l'hoſpitalité , puiſ-
qu'elle a été remarquée & eſt devenue l'objet
des ſouvenirs les plus chers de tous les voyageurs qui ont été dans ces contrées. Le jour
ſuivant nous fûmes retenus par le mauvais
temps.

Le 8 nous continuâmes notre voyage le
long de la partie baſſe de Falſe-bay, en com-
mençant de la pointe de Mœſon-Berg , juſqu'au pays des Hottentots - Hollandois , qui
n'eſt qu'une continuation de ce que l'on appelle
Sand-Down (ou chûte de ſable). Il ſe trouve
une aſſez grande étendue de pays entre Table-
bay & Falſe-bay , dont la plus grande partie
eſt inhabitable , eu égard aux ſables blancs que les
vents de ſud-eſt ſoufflent comme par ſillons ; &
cependant il y a beaucoup d'arbriſſeaux diſperſés
çà & là en pluſieurs endroits. C'eſt le lieu
principal où les habitans du Cap ſe procurent
le bois à brûler. Ce pays produit auſſi le myrica ,
le cerifera (tamaris), dont les graines ſervent à
faire une ſorte de chandelle , preſque égale en
qualité à la bougie la plus fine.

Vers le milieu de cette baie est une petite
hutte où nous trouvâmes quelques pêcheurs ;
nous éprouvions toute la chaleur du jour ;
fatigués d'avoir traversé tant de fables, nous
nous y reposâmes environ une heure. D'abord
nous projetâmes de nous régaler d'huîtres ;
mais les ressacs étoient si violens, qu'il nous
fut impossible d'approcher du rivage. Nous continuâmes notre voyage au soleil couchant,
& nous arrivâmes à la rivière Erst ou première
rivière, qui prend sa source dans les montagnes
de Stillen-Bosch, & se jette de ce lieu dans
False-bay. Les dernières pluies l'avoient rendue
si forte, que nous ne pûmes la passer ; mais
nous la traversâmes plus aisément que nous
ne l'avions espéré.

Aussitôt qu'il commença à faire nuit nous
entendîmes les hurlemens des hyènes, qui
nous accompagnèrent jusques chez les Hottentots Hollandois, où nous arrivâmes, sur les
neuf heures, à la résidence de M. de Wall.
Elle appartenoit autrefois au gouverneur Adrien
Vander Stell, qui avoit naturalisé un grand
nombre de plantes étrangères en ce pays, &
particulièrement l'arbre de camphre. Plusieurs
de ces arbres ont de 45 à 50 pieds de haut,
& 12 à 13 pieds de circonférence.

Le pays Hottentot-Hollandois est situé sur le

Octobre
1777.

côté nord-eft de Falfe-bay , & environné de trois côtés par de hautes montagnes , qui laiffent une ouverture au fud-oueft , d'où nous eûmes une vue fur la baie. Le fol n'eft pas ici auffi favorable pour le vin , que quelques autres lieux de ce côté des montagnes , étant humide & marécageux ; mais il fournit d'excellent blé. Les montagnes nous offrirent plufieurs belles plantes , particulièrement des xeranthinuns , (immortelles blanches) des geraniums , des gladiolufes , (glayeuls) & beaucoup d'autres qui étoient tout-à-fait nouvelles pour moi. On peut dire de ce lieu qu'il eft un des paffages les plus difficiles du pays nommé Hottentot-Holland-Kloaf (1). C'eft une route étroite, faite à même la montagne, dont le fommet paroît être de la même hauteur que la terre de la Table. C'eft une partie de la chaîne de montagnes qui prend fon commencement au Cap Falfe , ou the *Hang-Lip* , & fe prolonge au nord-oueft l'efpace de 300 milles , & depuis 20 jufqu'à 40 milles de la mer ; plufieurs autres branches de cette chaîne s'étendent dans la partie du pays dont

---

(1) Kloaf fignifie un paffage étroit à travers des montagnes.

je donnerai la defcription à mefure que j'avan-
cerai dans mon voyage.

Après avoir envoyé notre bagage vers ce paffage, le 12 nous pourfuivîmes notre route en
faifant le tour de Hang-Lip, & nous allâmes
examiner les petites baies & les rochers qui
fe trouvent à l'entrée de Falfe-bay, qui étoient
alors très-peu connus, & particulièrement
celui fur lequel le Colebroocke alla frapper
peu de temps après. Comme il n'y a point de
route le long de la baie, chacun de nous prit
une petite partie des provifions & fon manteau, fatisfait de favoir qu'il feroit impoffible
de faire ce voyage en un jour. Malgré les
rochers âpres & les montagnes que nous fûmes obligés de traverfer, nous avançâmes à
cheval auffi loin qu'il nous fut poffible, & plus
loin que notre sûreté ne l'exigeoit ; car le
cheval que j'avois tomba avec moi fur le bord
d'un précipice très-efcarpé & très-élevé, & ce
fut par le plus heureux hafard que je me
fauvai en m'accrochant de toutes mes forces à
un arbriffeau qui croiffoit entre des rochers.
Vers midi nous nous trouvâmes à l'embouchure de la rivière Stienbraffam : dans la
matinée nous arrivâmes à une baie profonde, qui ne fe trouve indiquée fur aucune de
nos cartes marines ; elle a fon ouverture vers

Octobre
1777.

le nord-ouest , & est parfaitement à l'abri des
vents du sud-est par les hautes montagnes qui
l'environnent. Le capitaine Gordon la nomme *la
baie de Van-Pleen ;* mais depuis il lui a donné un
autre nom, & peu de temps après il découvrit une
baie à l'orient , qui se trouve sur toutes les
nouvelles cartes , & offre, dit-on, un excellent
mouillage. Ayant trouvé un petit courant d'eau
excellente en ce lieu , nous y passâmes la nuit ,
& le lendemain matin nous continuâmes notre
voyage à l'entour de *Hang-Lip* ou Cap False.
De la partie appelée *Hottentot-Hollande* à cet
endroit, le pays est tout-à-fait inhabité ; toute
cette route ne présentant que des précipices &
des montagnes presque inaccessibles , nous passâmes auprès d'une seconde baie , qui est plus
petite que la première ; l'entrée n'en est pas
hérissée de rochers, & ses bords présentent un
sable blanc ; nous la nommâmes *la baie de
Gordon.* A environ un mille & demi de cette
baie , nous en rencontrâmes une troisième qui
se trouve sur la carte du capitaine Gordon, &
est appelée *baie de Petterson* ; celle -|ci est
beaucoup plus grande que la première. La
dernière est positivement sous le *Hang-Lip* ;
& entre cette baie & celle de Gordon ,
sont des lacs d'eau douce & beaucoup de
forêts. Toutes ces baies ont leur entrée au

Octobre
1777.

nord-ouest, & s'étendent intérieurement vers
le midi.

Sur les deux heures de l'après-midi, nous
passâmes le Cap False, au sud-est duquel se
trouve une vaste plaine qui présente plusieurs
espèces de pâturages, mais tous également
mauvais pour les bestiaux ; j'y trouvai une espèce
de bruyère qui m'étoit tout-à-fait inconnue ;
elle portoit un long tube de fleurs jaunes, les
plus belles que j'eusse encore vues. Il y a quelques buffles sauvages (A) aux environs de ce
lieu ; nous en vîmes plusieurs, mais ils étoient
si peu apprivoisés que nous ne pûmes en approcher. Il y a aussi une espèce d'antelope, que
les Hollandois appellent *Eland* (B). Vers le
soir nous arrivâmes à l'embouchure de la rivière
Palmita (1). Les pluies vers le nord l'avoient
tellement accrue, & le cours en étoit si rapide,
que nous eûmes beaucoup de difficulté à la traverser à la nage ; nous continuâmes notre route
toute la nuit, accueillis par une forte pluie, des
éclairs & de violens coups de tonnerre. Sur les
deux heures du matin nous arrivâmes à la rivière Knoflick (2) Kraals, qui prend son nom

(1) Plante commune dans cette rivière.

(2) Ail.

Octobre
1777.

d'une efpèce d'ail. Le temps étoit fi obfcur, que dès la première tentative que je fis pour paffer la rivière, j'eus de l'eau jufqu'aux épaules, & ce ne fut qu'avec beaucoup de peine que je pus en fortir ; nous fûmes forcés par cette raifon de paffer la nuit dans l'endroit où nous étions , jufqu'à ce que le jour parût. Nous effayâmes à plufieurs fois de faire du feu , mais vainement; tout étoit fi humide que nos efforts ne réuffirent qu'à nous aveugler de fumée : la pluie continuoit avec force, & dans une fitua-tion auffi défagréable , il eft facile au lecteur d'imaginer avec quelle anxiété nous défirions que le jour vînt. Nous avions été vingt-quatre heures fans manger ; auffitôt que nous pûmes diftinguer les objets nous traversâmes la rivière , & à neuf heures du matin nous arrivâmes dans la maifon de Michel Otto, où nous fûmes reçus avec hofpitalité. Pendant que nous étions au lit, nos habits furent féchés , & après plufieurs heures de fommeil, nous prîmes quelques ref-taurans. Ce lieu eft fitué entre les montagnes des Hottentos - Hollandois & un paffage efcarpé, fur un fable appelé *How-hook*, & l'on peut dire que ce n'eft qu'une continuation du paffage difficile dont j'ai déja parlé: on y trouve du blé & de fort bon vin, beaucoup meilleur que celui que l'on fe procure communément

Octobre
1777.

dans la partie orientale des montagnes des Hottentots. Le fol eft d'un excellent argile, mais
les pâturages font mauvais : il eft rare que les
beftiaux viennent à bien, & en particulier les
troupeaux qui ne s'y plaifent pas ; les fruits
font en général en maturité trois femaines plus
tard ici qu'aux environs du Cap.

A deux heures nous continuâmes notre
voyage par le How-Hook, faifant une collection
des plantes que nous trouvions fur notre route.
Nous fîmes rencontre d'une perfonne qui avoit
été à Zwellendams ; il retournoit au Cap. Il
nous informa que le jour d'auparavant il avoit
paffé en un lieu où l'on avoit tué un lion monf-
trueux, & nous engagea à nous tenir fur nos
gardes, d'autant que plufieurs de ces animaux
féroces fe trouvoient encore errans dans le
même endroit ; car c'eft fur-tout entre ce lieu
& le Cap, à la diftance d'environ 100 milles
anglois, que les lions fe tiennent. Après avoir
quitté notre hôte nous traversâmes la rivière
Bott, & fur les huit heures du foir nous arrivâmes à Swart-Berg, ou la montagne noire,
où il y a un bain d'eau chaude. La compagnie
des Indes y a établi une maifon pour la com-
modité des perfonnes qui voudroient y prendre
un bain ; mais la plupart des voyageurs réfident
ordinairement dans une ferme qui eft à un peu

plus

Octobre 1777.

plus d'un mille de diftance. La montagne
d'où fort cette fource, préfente pour fol un
efpèce de granit avec beaucoup de fer ; les
bains dont les Européens font ufage, font mon-
ter le thermomètre de Farenheit à 133 degrés ;
mais ils peuvent être réduits à tout autre degré de chaleur en y mêlant de l'eau froide, qui
coule tout près de cet endroit. A une petite diftance de celui-ci eft un autre bain pour les
efclaves & les Hottentots, la chaleur en eft de
116 degrés : nous avons trouvé ici beaucoup
de monde du Cap, qui faifoient ufage des bains,
auxquels ils attribuent la vertu de guérir toutes
les maladies. La campagne des environs eft
tout-à-fait agréable, & elle offre un excellent
pâturage pour les beftiaux. Ce diftrict eft
abondant en gibier, & particulièrement de l'efpèce d'antelope, appelée par les Hollandois
Bonta - Bock (C) ; les perdrix s'y trouvent auffi
en quantité. De là nous dirigeâmes notre route
à l'orient, en laiffant fur notre gauche la rivière
Zondereynds - Berg paffant devant plufieurs
belles fermes : en une journée nous arrivâmes
au premier Kraal (D) de Hottentot, confiftant en fix huttes bâties en forme circulaire.
Ces hommes fe louent quand on le requiert,
aux Hollandois. A peu de diftance de ce lieu
eft un endroit appartenant à la compagnie

B

nommée *the Tyger-Hock*, où nous pafsâmes toute
la nuit ; le lendemain de bonne heure, nous
marchâmes à l'eft, à travers un pays plat qui
offre d'excellens pâturages; nous avions la rivière
Zondereynds fur notre gauche. Dans l'après-
midi, nous vîmes plufieurs troupeaux de bonta-
bocks & de zébres (E) ; & en beaucoup
d'endroits nous apperçûmes les traces des
lions : nous pafsâmes la rivière Brud, (rivière
large) où il y a une efpèce de bac ou
pont flottant; c'eft là qu'elle fe réunit à la rivière
Zondereynds, qui après de longs détours va
fe jeter dans le Pott-Berg, fitué dans la baie
des Strugs (1), & bientôt après, ayant traverfé
le bac, nous arrivâmes à Zwallendam, où réfide le Land-Droft ou chef de la juftice : ce
lieu eft fitué au pied d'une chaîne de montagnes
qui commence près la baie d'Alagoa, dans une
direction de l'oueft au nord-oueft. Le climat
diffère beaucoup ici de ce qu'il eft au Cap ; car
il eft bien rare que les vents du fud-eft foufflent avec violence ; mais on y éprouve fouvent
des orages du côté du nord-oueft ; & comme
nous étions dans le tems où les Boors (payfans
ou fermiers) fe raffemblent entre eux, nous y
demeurâmes quelques jours, pendant lefquels

(1) Autruche.

je fis plufieurs excurfions fur les montagnes &
dans les bois. Iln'y avoit dans cette faifon encore
aucun arbuftes en fleurs, de forte que je ne pus
m'en procurer. Le piper cordifolia eft très-
commun dans les bois; je trouvai quelques beaux
échantillons d'hélianthus & de phylicas. Toute
la campagne abonde en excellens pâturages
pour les beftiaux, & produit beaucoup de blé
& de vin; le fol eft une argile dure, jaunâtre,
& mêlé de rochers.

Nous quittâmes Zwellendam le 12, & dirigeâmes notre route à l'eft-fud-eft, vers la vallée
des Rofeaux (reed Valley); fur les quatre heures
de l'après-midi, nous traversâmes la rivière
Buffalye-Agte (1), ainfi nommée, parce que cet
endroit étoit jadis fameux pour la chaffe des
buffles; mais aujourd'hui on y en voit très-rarement. De là, la rivière va en ferpentant vers le
midi, pour fe joindre à la rivière Breed. Sur le
foir nous nous égarâmes, & ce ne fut qu'après
bien des difficultés que nous retrouvâmes la vallée
des Rofeaux. Cet endroit appartient à la compagnie des Indes Hollandoife, & fert à nourrir
du bétail; la majeure partie de leurs bœufs de
trait en font tirés; on y trouve auffi du bois: il
eft diftant de Zwellendam d'environ 12 milles;

_____

(1) Agte fignifie *chaffer.*

B 2

nous rejoignîmes là notre bagage , qui étoit fi
maltraité par le voyage , que nous fûmes re-
tardés quelques jours pour le réparer. Pendant
ce petit féjour , j'enrichis de beaucoup ma collection, & je pris plaifir à la chaffe du bonta-
bocks , que l'on trouve ici en grand nombre,
ainfi que le capra-dorcas de linnée & le zébre.
La vallée des Rofeaux produit auffi abondamment des oifeaux fauvages, tels que des perdrix
de plufieurs fortes.

Nous demeurâmes chez M. Tunies , infpecteur de la Compagnie , jufqu'au 25 , d'où nous
nous rendîmes à la ferme de M. Jacob Van-
Renan. Je fuis perfuadé que cette ferme pro-
duira par la fuite des chofes auffi excellentes
que celles qui fe trouvent au Cap.

Le 25 nous pourfuivîmes notre route à Groot-
Fadert-Bofch (le bois des grands Pères) , où
nous fûmes forcés de refter quelques heures à
caufe de la pluie ; nous envoyâmes notre bagage
par le meilleur chemin au Plata-Kloaf, & nous
allâmes par un chemin de traverfe qui étoit fi
gliffant, qu'à peine pouvions nous arriver. Nous
traversâmes la rivière de Doven-Hocks (1), &
affez avant dans la nuit nous arrivâmes à la
maifon d'un fermier , fituée tout auprès du paf-

(1) Rivière du Colombier.

ſage Kloaf. Ce diſtrict eſt appelé la Terre
d'Egypte, & paroît contenir environ treize
fermes, qui ſont à 4 & 6 milles de diſtance les
unes des autres. Nous y fûmes régalés d'excellens fruits, tels que des oranges, & quelques
fruits d'Europe. Notre bagage n'arrivant pas,
nous fit reſter juſqu'au 28, ce qui me donna
le temps d'examiner la campagne, & j'y trouvai beaucoup de plantes curieuſes. J'obſervai
qu'après les pluies qui étoient tombées, les
fourmis blanches (que l'on trouve par-tout ici
en quantité) avoient des ailes & rempliſſoient
l'air. Pluſieurs des Hottentots & des eſclaves,
attrapoient ces inſectes, & m'étant informé
pourquoi, j'appris qu'ils leurs ſervoient d'aliment : en effet, ce ne peut être que le préjugé
qui empêche les Européens d'en faire le même
uſage ; car dans mes différens voyages dans
ces contrées, je me ſuis trouvé quelquefois
obligé d'en manger, & je ne leur ai rien
trouvé de déſagréable au goût. Ces inſectes ſont
très-amplement décrits par feu M. Sméathman,
ſous le nom de *Termites*. On a obſervé une
grande différence dans les fourmis blanches,
ſelon les climats où elles ſe trouvent. Dans
les Indes Orientales, elles détruiſent & mangent le bois ; mais au Cap il n'y en a pas qui
faſſent la moindre piqûre aux végétaux qui

Octobre
1777.

fervent d'alimens, excepté à l'herbe des prai-
ries. Dans les endroits où elles abordent, ce
n'eft pas en dévorant cette verdure qu'elles la
détruifent; mais en foulevant un grand nombre
de petits monticules, cé qui empêche la végétation. J'en ferai une mention plus particulière
dans mes obfervations fur l'Inde.

Enfin, nous commençons à quitter ce pays fi
fertile & fi délicieux; il s'étend au fud tout le
long de ce rang de montagnes, qui fe termine
auprès de la rivière de Kromé (rivière tor-
tueufe), pour entrer dans un autre, le plus
ftérile, peut-être, qui foit au monde. Ce pays
eft appelé *la terre de Chama*, & prend fon nom
d'une efpèce de mezembryanthymum, nommé
Channa par les naturels, & qui eft très-eftimé
parmi eux. Ils s'en fervent également pour
mâcher & pour fumer; quand il a été mélé au
Dacka, il eft très-enivrant, & il paroît être
comme cette efpèce de chanvre dont on fe fert
dans les grandes Indes, connu fous le nom de
Bang.

Nous repartîmes le matin, ayant des bœufs
nouveaux pour tranfporter notre bagage fur les
montagnes qui étoient fi âpres que tout notre
attelage fut renverfé, mais fans le moindre dom-
mage. Lorfque nous fûmes parvenus au fommet
de la montagne, nous découvrîmes, au fud,

Octobre
1777.

la mer & le pays si justement admiré que nous
venions de quitter ; & du côté du nord, nous
vîmes la terre de Chama & Karo. Quand la
chaleur du jour fut passée, nous fîmes route à
l'est-nord-est, par un pays extrêmement aride,
laissant l'immense chaîne de montagnes à notre
droite : à la distance de 40 milles, nous obser-
vâmes une autre chaîne de montagnes à notre
gauche. Quoique ce pays ait une apparence très-
aride, il abonde néanmoins en plantes de la
classe de l'euphorbe, de l'orpin, du mezembryanthimum, & plusieurs espèces de geranium.
Le climat diffère beaucoup de ce qu'il est de
l'autre côté des montagnes ; il pleut rarement
dans celui-ci, excepté dans l'été & lorsqu'il
tonne : le sol est un fond jaunâtre & gras, mélangé de morceaux de roches. Dans la soirée
nous arrivâmes à un lieu appelé *Klip-River*
ou la *rivière du Rocher*, où nous passâmes la
nuit, & le lendemain nous nous procurâmes
un mouton, qui nous coûta six schelings Hollandois, équivalent à trois livres douze sols de
France. Nous continuâmes notre voyage à l'est,
& à trois heures de l'après-midi nous entrâmes
dans la maison d'un paysan. Les gens s'enfuirent en nous voyant, n'étant pas habitués à voir
des étrangers ; & ce fut avec un peu de peine
que le capitaine Gordon, réussit enfin à les en-

B 4

gager de rentrer dans leur habitation. Il leur dit
que nous étions venus du Cap de Bonne-Espérance , & que le premier village étant trop
éloigné il les prioit de vouloir bien nous accorder l'hospitalité , & permettre que nous pas-
sassions la nuit chez eux : ils y consentirent ,
& malgré leur première crainte qui les avoit
éloigné de nous , ils nous reçurent parfaitement
bien.

De très-grand matin le 30 , nous nous avançâmes vers l'est-quart-nord-est , par un sentier
extrêmement rude & difficile ; sur une heure
de l'après-midi , nous arrivâmes à la grande
rivière , où nous dînâmes à l'ombre d'un mimosa. Après le dîner nous traversâmes la rivière,
& sur le soir nous en rencontrâmes une seconde
appelée *Tsnice-Cama* , par les Hottentots & par
les Hollandois, la rivière d'or , laquelle a sa direction vers le midi , & se jette à l'orient de la
baie de Catherine , dans l'Océan Indien ; cette
rivière est dangereuse à passer pour les voyageurs,
à cause du nombre d'étangs où il y avoit jadis
des hippopotames , quoique ces animaux aient
depuis quitté tout-à-fait leur ancienne retraite
& que l'on en rencontre rarement. Nous continuâmes à voyager pendant la nuit à travers
des pays inconnus , jusques vers une heure
du matin ; alors n'apercevant aucun signe qu'il

s'y trouvât des habitans ; nous convînmes de nous repofer, en attendant le jour, auprès d'un petit ravin que nous trouvâmes être la rivière Slang (ou des Serpens) ; dans cette journée nous fîmes environ 40 milles.

Le 31 nous pourfuivîmes notre route à l'orient par un pays ftérile, qui préfentoit encore moins d'apparence de végétation que tous ceux que nous avions encore vus. Dans l'après-midi nous arrivâmes à un petit établiffement fitué fous le Kloaf-Atquas, fur un ruiffeau étroit, nommé *la rivière de Saffran*, où nous pafsâmes toute la nuit, & le lendemain nous eûmes de nouveaux bœufs de trait, & dirigeâmes notre route à l'eft-nord-eft, vers la rivière de l'Éléphant. A midi nous arrivâmes en un lieu appelé *Pauvreté*, fitué fur la même rivière, où nous pafsâmes tout le temps de la chaleur du jour. Dans l'après-midi nous la traversâmes en un endroit où elle n'a pas moins d'un demi mille de largeur. Le rivage de celle-ci, auffi bien que celui de prefque toutes les autres rivières de ce pays, eft ombragé par une efpèce de mimofa & différentes efpèces de Rhus. Nous continuâmes notre voyage affez avant dans la nuit ; notre chariot s'étant renverfé du haut d'un précipice, qui avoit près de 50 pieds, nous fûmes obligés de demeurer là jufqu'à la pointe du jour. Le

conducteur du capitaine Gordon, qui étoit dans
le chariot, eut la cuiffe très-meurtrie ; mais il
ne fut pas fi bleffé qu'il auroit pu l'être après
une chûte auffi dangereufe. Nous laifsâmes nos
bagages au pied du précipice jufqu'au jour fuivant, & ayant obfervé une maifon de l'autre
côté de la rivière; nous jugeâmes devoir y aller
paffer le refte de la nuit. Au point du jour,
nous examinâmes notre chariot, & trouvâmes
qu'il n'y avoit rien de brifé. Tout ce pays eft
extrêmement aride, fi l'on en excepte quelques
fermes qui font fituées auprès d'un petit courant
d'eau douce, & qui recueillent du blé, mais
non pas en quantité fuffifante. Cette ftérilité
extraordinaire doit être attribuée au défaut d'eau;
les habitans n'en ayant pas d'autres que celles
des pluies, & le pays contenant très-peu de
fources naturelles, l'eau de ces fources eft d'ail-
leurs en général très-faumâtre.

Nous commençâmes le mois de Novembre
en dirigeant notre route à l'eft-quart-fud-eft,
& à onze heures nous nous trouvâmes chez un
Européen, où nous demeurâmes toute la journée;
j'y fis une addition à ma collection de plantes,
qui commençoit déja à devenir affez confidérable.

Nous continuâmes de là notre route vers
l'orient pendant toute la journée du lendemain,

en laiſſant le Comnaſſia-Berg (1) ſur notre droite ; nous trouvâmes des bains chauds , vers leſquels nous fûmes guidés par deux payſans qui en faiſoient uſage ; l'un d'eux avoit été mordu par un ſerpent & étoit beaucoup mieux , quoique ſa jambe reſtât encore très-enflée ; & qu'il ne pût ſupporter la moindre fatigue : ces bains ſont fortement imprégnés de parties ferrugineuſes , & tout le long de la montagne il y a d'épaiſſe couches de ce minéral.

Le thermomètre monta dans différens bains de 105 à 108 degrés. Dans l'après-midi nous continuâmes notre route , Comnaſſia-Berg nous reſtant du nord-oueſt quart de nord au ſud-oueſt quart de ſud , à environ deux lieues des bains. Nous trouvâmes ici une grande quantité d'autruches & de koedoes ; nous avons tué un de ces derniers animaux , mais étant en marche nous ne prîmes pas le tems de l'examiner : ces animaux ſont de la groſſeur ou un peu plus gros que nos daims & de couleur de ſouris , avec trois raies blanches ſur le dos. Le mâle a de très-grandes cornes entrelacées , & la femelle n'en a pas ; leur chair eſt bonne à manger. Dans la ſoirée nous arrivâmes à un lieu appelé par les Hottentots , *Tſimeko* ou

---

(1) Comnaſſia eſt le nom d'une eſpèce de Rhus.

jambe d'Autruche. Le pain n'eſt pas connu des habitans de cette contrée, qui ne vivent, à proprement parler, que de la chair des animaux & de lait ; ils ſont très-hoſpitaliers de leur naturel, & paroiſſent très-ſatisfaits à la vue des étrangers. Je trouvai auſſi des poligalas & des geraniums de la plus belle eſpèce.

Le 9 nous eûmes un nouvel attelage de bœufs, & après avoir voyagé toute la journée juſqu'au ſoir, nous obſervâmes les traces nouvelles des lions, ce qui excita toute notre attention & notre vigilance. Le capitaine Gordon & moi, nous courûmes en avant du chariot, avec nos fuſils chargés, en cas que nous fuſſions attaqués par ces animaux féroces. Sur minuit nous arrivâmes près d'un lac d'eau ſaumâtre, où nous convînmes de demeurer juſqu'au lendemain matin. Nous aſſurâmes nos beſtiaux de la manière uſitée dans ce pays, en les attachant au chariot, & en faiſant des feux en dehors tout autour de nous, afin de prévenir les attaques bêtes féroces. A peine avions nous achevé de nous précautionner & abandonné notre petite caravane à nos moyens de défenſes, que nous fûmes ſurpris par un bruit ſemblable à celui de l'eau que l'on agite fortement, & comme quelque choſe qui venoit à nous. Le capitaine Gordon jugea que c'étoient des bêtes féroces ; & en effet, nous n'avions guère autre chofe à foupçonner, d'autant que ce pays eft peuplé d'une quantité confidérable de lions. Après avoir paffé quelques momens dans la plus vive inquiétude , nous découvrîmes que c'étoit un veau qui s'étoit écarté d'un troupeau de beftiaux appartenant à un Européen , qui demeuroit à 8 milles de là. Etant alors délivrés de nos frayeurs, nous tâchâmes de prendre quelque repos ; mais toute la nuit fut pour nous très-défagréable par l'orage affreux accompagné de tonnerre & d'éclairs, que nous eûmes à effuyer.

Le lendemain de grand matin nous continuâmes notre voyage à travers une vafte plaine, appelée *la Vallée de l'Ours* (Bear-Valley), & fur les neuf heures du matin , nous arrivâmes auprès de quelques huttes chétives, dans le genre de celles des Hottentots , où nous trouvâmes un vieil Allemand qui s'étoit fixé dans une tribu des Hottentots , & qui y réfidoit depuis environ vingt ans ; fes vêtemens étoient faits de peaux de mouton , comme ceux des naturels , & fa manière de vivre étoit la même que la leur. Cet homme me dit , que tous les trois ou quatre ans , il avoit été au Cap avec peu de bétail à vendre , & que de ce produit il achetoit de la poudre, du plomb & des bagatelles pour fes Hottentots. Cet endroit nourrit beaucoup plus de lions qu'aucune des autres contrées habitées dans tout ce pays. Le vieillard Allemand (dont le nom étoit *Nuwenhoufen*) en avoit tué plufieurs avant notre arrivée , quelques-uns defquels étoient d'une groffeur énorme.

Comme je ne jouiffois pas d'une fanté parfaite , & que ma collection augmentoit de jour à autre , je me déterminai à quitter le capitaine Gordon, qui continua fa route vers Snewberg , ou la montagne de Neige , & je me repofai pendant quelques jours pour réparer mes forces. Le bon vieillard Allemand me fournit une hutte pendant mon féjour, & fe conduifit à mon égard avec la plus grande hofpitalité. Le 11 , je pris congé de mon hôte , pour retourner à Tfimeko , où je rencontrai M. Lyfter , infpecteur du Cap , avec d'autres perfonnes qui étoient occupées à lever le plan de cette contrée , pour le gouvernement qui étend fa domination jufqu'à la grande rivière Fish (du Poiffon) , qui fépare les Caffres & les Hottentots ; j'ajoutai beaucoup à ma collection en cet endroit , & j'y fis quelque féjour afin d'examiner ces montagnes, qui paroiffent couvertes de beaucoup de plantes rares , quoique l'on y foit fans ceffe expofé au danger de rencontrer des bêtes féroces , ou des Boshmens (F) qui en defcendent affez fouvent , & cherchent l'occafion d'enlever

Novembre
1777.

aux habitans leurs beftiaux. Dans une de mes excurfions, je me trouvai tout-à-coup au milieu de ces Sauvages ; mais ils fe conduifirent parfaitement bien , & me firent des fignes pour me demander du tabac , que je leur donnai ; ils m'offrirent en échange du miel, qu'ils avoient retiré des ruches fur les montagnes ; ils étoient armés d'arcs & de flèches , & le capitaine qui étoit avec eux avoit une zagaie ou lance à la main , & il portoit à fon bras droit un très-gros anneau d'ivoire. Lorfque je revins dans la maifon du fermier , j'appris qu'ils étoient de la tribu de Chonacquas.

Dans la foirée du 23 , un de nos domeftiques nous informa qu'il avoit vu un très-grand lion avant le coucher du foleil , à environ mille pas de la maifon. Attendant fa vifite pendant la nuit , nous préparâmes toutes chofes pour nous défendre ; mais le lendemain matin nous apprîmes qu'il étoit allé chez une vieille femme, qui demeuroit à quatre milles de là , & qu'il lui avoit dévoré quelques pièces de bétail ; je m'y tranfportai , & nous poftâmes un fufil à reffort fur le chemin qu'il avoit pris ; pendant la nuit du 25 nous entendîmes le fufil partir , & le lendemain nous trouvâmes l'animal mort : c'étoit une lionne d'une moyenne grandeur , en voici les dimenfions.

	pieds	pouces	
La longueur, depuis le nez jufqu'au bout de la queue,	8	9	$\frac{1}{2}$
Idem de la tête,	1	11	$\frac{1}{2}$
Idem de la queue,	3		
Idem du col à la queue,	4	11	$\frac{1}{2}$
Hauteur fur le devant,	3	8	
Longueur de fon pied, des griffes au talon,		8	
Idem des griffes étendues,		3	$\frac{1}{2}$
Longueur des oreilles,		7	$\frac{1}{2}$
Longueur de fes groffes dents,		2	
Diftance d'un œil à l'autre,		6	
Circonférence de la tête entre les yeux & les oreilles,	2	4	$\frac{1}{2}$

Le 3 décembre, je fis une excurfion à l'un des endroits les plus agréables, par fa fituation & fa fertilité, que j'euffe encore vus en Afrique. C'eft auprès de la fource de la rivière des Eléphans, il produit beaucoup de blé prefque fans culture. Après que la rivière a débordé fur le rivage, les naturels y sèment le grain, & le climat eft fi favorable que la moiffon s'y fait toujours un mois plutôt qu'au Cap. On y trouve auffi de fort bons arbres fruitiers, tels que des orangers, des figuiers, des pêchers, des abricotiers,

cotiers, des amandiers, des mûriers, &c. Ce
lieu eſt appelé la Bonne-Eſpérance.

De la Bonne-Eſpérance je dirigeai ma route
vers le ſud-oueſt, & je fus plus loin que les
bains chauds; le 10, je vis nombre d'autruches;
ce pays en contenant une très-grande quantité.
Après une marche très-fatigante, j'arrivai à
la maiſon d'un nommé Folkenhager, où je me
fixai juſqu'au 13; il arriva alors deux payſans
qui ſe mettoient en route pour aller au Cap,
& qui m'offrirent une place dans leur voiture,
ce que j'acceptai avec reconnoiſſance, d'autant
que mon cheval étoit ſur les dents; après avoir
traverſé les montagnes & les rochers dont j'ai
parlé, nous fîmes route tout le long de la rivière
des Eléphans, & le 17 nous étions au Kloaf-
Atquas, où nous paſsâmes la journée du 18.
Pendant cette journée je raſſemblai beaucoup
de plantes de différentes eſpèces, & particulièrement de l'aloès & du mezembryanthimum.

Le Kloaf-Atquas, où nous paſsâmes le 19 eſt
un ſentier âpre & inégal; j'y cueillis une grande
variété de plantes. Le 20 nous arrivâmes à un
lieu appelé le *Sure-Flacta*; je me ſéparai là de
mes compagnons de voyage, je fis route vers
la terre d'Hottniqua, dans le deſſein d'examiner les bois immenſes qui couvrent cette chaîne
de montagnes que nous venions de traverſer.

C

A la nuit tombante, je me rendis dans la maiſon de M. Bota, homme très-obligeant, & qui me donna un guide le lendemain matin. A la fin de cette journée je me trouvai près de la rivière *White-Elſe*, qui prend ſon nom d'un arbre ainſi nommé en Hollandois.

Le 22, je m'enfoncai dans les bois, avec un jeune homme de la maiſon où j'avois logé; nous avions avec nous quelques chiens, & nous eſpérions rencontrer des tigres. Les bois ſont très-épais, & produiſent les plus grands arbres que j'aye encore vus; ſur les branches les plus élevées de ces arbres il y avoit une grande variété d'oiſeaux de diverſes couleurs, & particulièrement le tarakoo & pluſieurs autres petits oiſeaux d'une auſſi grande beauté. Les montagnes ont une pente très-rapide, & la plupart des arbres les plus élevés s'élancent de deſſus la ſurface nue des rochers; je trouvai dans ce bois, ainſi que dans preſque tous ceux de ec pays, une grande quantité de *piper-cordifolia*, & les arbres, pour la majeure partie, jeunes; ces bois commencent vers le nord de la baie de Moſſel, ils s'étendent à environ 120 milles à l'orient, & ſe terminent à un endroit appelé *Sitſicamma*. Entre les bois & l'Océan Indien, on trouve une vaſte plaine très-bien peuplée par les Européens, qui y ſont un commerce

confidérable de planches qu'ils vendent au Cap:
quoique cette plaine foit couverte de verdures,
elle n'eft cependant pas propre à élever des beftiaux; ces herbages ne fourniffent que des fucs
mal-faifans: elle produit du blé & du vin, mais
d'une qualité très-inférieure.

Comme ce pays jufqu'au Cap, eft bien connu,
& qu'il a été décrit par MM. Mafon & Sparrman, je ne répéterai pas ce qu'en ont dit ces
deux auteurs. Je retournai au Cap, par la même
route que j'avois prife avec le capitaine Gordon,
& j'arrivai le 13 janvier 1778, à la ville du
Cap de Bonne-Efpérance.

Fin du premier Voyage.

C 2

NOTES DU PREMIER VOYAGE.

Defcription du Buffle.

Note Ire. (A) M. Pennant nous fait la defcription
fuivante de cet animal. Il a fur le front de longs
poils noirs & crépus; le menton, le deſſous du
cou & le fanon font couverts de poils longs,
flottans & rudes, de la même couleur; depuis
les cornes, en fuivant le long du cou & jufqu'au
milieu du dos, il a une crinière noire très-
épaiſſe; le poil de fon corps eſt ras, de couleur
cendrée obfcure; le haut de la queue eſt prefque
nu & cendré, & le refte eſt garni d'un poil
long & noir; fa peau eſt dure & épaiſſe; la
longueur du nez à la queue, prife fur un buffle
de la plus grande efpèce, eſt de huit pieds
(mefure d'Angleterre); fa hauteur, cinq pieds
& demi; diamètre du corps, trois pieds; longueur de la tête, un pied neuf pouces; longueur
du gros de la queue, un pied neuf pouces; de
la queue jufqu'au bout des poils, deux pieds
neuf pouces; le corps, les jambes font fort
pefans. Ils habitent les parties intérieures de
l'Afrique au nord du Cap de Bonne-Efpérance;
mais je ne crois pas qu'il s'en trouve au nord
du Tropique. On les dit fupérieurs, pour la groffeur, à nos bœufs les plus gras de l'Angleterre:
ils portent la tête baſſe, & ont un afpect féroce
& méchant; ils font extrêmement dangereux
pour les voyageurs; ils fe tiennent tranquille-
ment dans les bois, & attendent les paſſans,

fur lefquels ils fe jettent fubitement, ils les
foulent fous leurs pieds, ainfi que leurs chevaux
& leurs bœufs de trait ; de forte qu'on doit les
éviter, comme les animaux du pays les plus
cruels. Il arrive fouvent qu'ils retournent à la
charge & prennent plaifir à lécher les corps
fanglans de ceux qu'ils ont écrafés ; ils font
d'une fi grande agilité & fi forts, qu'un jeune
buffle de trois ans, attaché à un chariot avec
fix bœufs foumis au joug, réfifta à leurs forces
réunies, fans qu'ils puffent le déplacer de l'endroit où il étoit. On en trouve auffi dans les
parties intérieures de la Guinée ; mais ils font
fi féroces que les Négres, qui vont à la chaffe
de toutes les autres efpèces d'animaux, n'ofent
jamais les attaquer. Le lion qui peut d'un feul
coup de dent caffer-les reins au plus fort bœuf
domeftique ne peut vaincre le buffle qu'en s'élan-
çant fur fon dos, & en l'étouffant par le moyen
de fes griffes dont il lui ferme les narines &
la bouche. Le lion périt fouvent dans cette
attaque ; mais il laiffe toujours des traces de fa
fureur fur le nez & la bouche de l'animal qu'il
a combattu. La chair du buffle eft dure, mais
pleine de jus, & elle a le goût de venaifon ;
ces animaux marchent en grands troupeaux ;
principalement dans le Krake-Kamma & les
autres déferts du Cap de Bonne-Efpérance, &
pendant le jour ils fe retirent dans les grandes
forêts. On les regarde comme un affez bon
manger. Les Hollandois du Cap leur donnent
le nom d'*Auroch.* »

« Il y a une autre efpèce d'Auroch, dont
les voyageurs Hollandois ont fait une courte
defcription. Ils difent qu'il reffemble au bœuf

ordinaire excepté qu'il eſt plus gros & de
couleur griſe ; ſa tête eſt petite & ſes cornes
fort courtes ; ſes poils ſur la poitrine ſont friſés ;
il eſt barbu comme la chèvre , & enfin il eſt ſi
léger que les Nimiquas lui donnent le nom de
Baas , qui ſignifie , en leur langue , *maître
courier.* Ils le diſtinguent du Gnou que je regarde
comme le même animal. »

Deſcription de l'Elan des Hollandois.

(B) « Cet animal a les cornes droites &
marquées de deux côtes ſaillantes , formées en
ſpirales juſqu'aux deux tiers de leur longueur,
elles ſont liſſes vers la fin ; quelques-unes ont
deux pieds de longueur. Celles que l'on voit au
Muſée Britannique , avec une partie de la peau
qui n'en eſt pas ſéparée , ſont noires ; la tête
eſt d'une couleur rougeâtre , coupée ſur les joues
par une ligne plus foncée ; les oreilles ſont de
moyenne taille ; le front large ; le nez pointu ;
ils ont ſur le front une raie de longs poils flottans , & ſur la partie baſſe du faſſon une groſſe
loupe de poil noir. Le long du cou & du dos ,
depuis la tête juſqu'à la queue , l'élan a une
crinière courte & noire ; le reſte du corps eſt
un gris bleuâtre mêlé de rouge ; l'eſpace entre
les ſabots & les faux-ſabots eſt noire ; la queue
ne va pas juſqu'à la première jointure de la
jambe ; les ſabots ſont courts , & à l'endroit
où finit la jambe , il y a comme un ornement
qui les recouvrent de poils noirs ; ſa hauteur
juſqu'aux épaules eſt de cinq pieds ; ſon corps
eſt épais & fortement taillé ; mais ſes jambes

font très-minces. Les femelles portent des
cornes comme les mâles. Cette efpèce n'a pas
l'artère lacrymale. Les Caffres lui donnent le
nom d'*Emphophos.* Si c'eft le pacaffe , comme
on a raifon de le fuppofer, il diffère de couleur , le pacaffe étant blanc , tacheté de rouge
& de gris. Les Hollandois l'appellent *élan.*
M. de Buffon l'appelle par erreur le *coudons* ,
nom qu'il auroit dû donner à fon condoma.
Il habite l'Inde , le Congo & les parties méridionales de l'Afrique , & fréquente fur tout
les parties montagneufes du pays. Ils vivent en
troupeaux ; mais les vieux mâles reftent fouvent
feuls. Ils deviennent très-gras , & la graiffe
s'amaffe fur-tout auprès de la poitrine & du
cœur ; par cette raifon on les prend facilement , & fouvent ils tombent morts lorfqu'ils
fuient celui qui les pourfuit. Ils font lents à la
courfe, & quand ils fe réveillent ils vont contre
le vent, fans que le chaffeur, allât-il droit en
face du troupeau, puiffe parvenir à les détour-
ner de leur route. Leur chair eft très-tendre &
très-délicieufe, elle rend beaucoup de jus ; leur
cuir eft dur. Les Hottentots fe fervent de leurs
cornes pour faire des pipes. »

« Il y en a une autre efpèce dont les cornes
font droites , de neuf pouces de longueur ,
pointant en arrière & ayant les deux côtes en
forme de fpirale. Cet animal à les oreilles
larges ; il eft couleur de tan foncé, & a fous
chaque œil une tache blanche ; fes côtés font
fingulièrement marqués de deux bandes tranf-
verfales , blanches , croifées par deux autres
bandes qui vont du dos au ventre ; le crou-
pion eft marqué de trois lignes blanches qui

s'inclinent vers le bas de chaque côté ; les autres
font tachetées de blanc ; la queue à dix pouces
de longueur & eft couverte de long poils rudes.
Cet animal, qui vit en nombreux troupeaux,
habite les plaines & les fonds du Sénégal : on
l'appelle au Cap, le *bonte-bock* ou *chèvre ta-*
chetée. » *Pennaut, vol. I, page 71.*

Note III.   (C) Le bonte-bok eft un peu moins gros
que le hart-beeft, quoiqu'il le foit davantage
en proportion ; c'eft la gazelle, décrite par
Pallas, & le guils de Buffon. *Sparman, deuxième*
édition, vol. I, page 130.

Note IV.   (D) En parlant des Hottentots, M. Sparrman
dit : « Quant à la taille ils font femblables aux
Européens, & s'ils font en général plus minces,
c'eft qu'ils ont d'une part moins de nourriture
& des alimens moins nourriffans, & que de
l'autre ils ne fe livrent point aux travaux péni-
bles. Une remarque qui n'a pas encore été faite,
eft que, proportionnellement au refte de leur
corps, ils ont les mains & les pieds très-petits,
& peut-être doit-on regarder cela comme la
marque diftinctive de cette nation.

Ils ont, pour la plupart, le nez placé fort
bas & en conféquence paroiffent avoir les yeux
beaucoup plus éloignés l'un de l'autre que les
Européens ; le bout du nez eft aplati. La
couleur de l'iris eft à peine perceptible, mais
elle a un jais d'un brun obfcur qui quelquefois
approche du noir.

» Leur peau eft d'un brun jaunâtre & affez
femblable à celle d'un Européen qui eft attaqué
d'une forte jauniffe ; malgré cela le blanc de

leurs yeux n'offre pas la moindre nuance de
cette couleur. Les Hottentots n'ont pas les lèvres
auſſi épaiſſes que celles de leurs voiſins les Négres, les Caffres & les Mozambiques. Leur
bouche eſt de la moyenne taille & garnie de
deux râteliers des plus belles dents. Si l'on
conſidère leurs traits, leur forme, leur manière
de ſe tenir, leurs mouvemens, & enfin tout leur
enſemble, ils paroitront ſains de corps & d'eſprit, & peu ſuſceptibles de prendre du chagrin.
Ils ſont en même-temps gais & courageux, ils
ne manquent jamais d'en donner des preuves
dans l'occaſion.

» On croiroit leur tête couverte d'une laine
noire friſée, quoique peu ſerrée, ſi leur rudeſſe
naturelle ne faiſoit voir que ce ſont des cheveux,
plus laineux, s'il eſt poſſible, que ceux des
Négres; & s'il arrive, ce qui eſt fort rare,
que l'on obſerve ſur eux quelques traces de
barbe ou de poils, comme les Européens en
ont, ils ſont en général de la même nature que
les cheveux. »

Il réfute enſuite l'opinion erronée que ces
hommes ſoient différens des autres & il ajoute:
« Les femmes n'ont rien qui ne leur ſoit commun avec tout le reſte de leur ſexe ». Relativement à leur habillement & à leur manière de
ſe peindre, il dit : « Pour ſe peindre, ſi l'on
peut appeler ainſi leur façon de ſe barbouiller,
ils ſe ſrottent le corps ſur toutes les parties
avec beaucoup de graiſſe, dans laquelle ils mêlent
un peu de ſuie; ils ne l'eſſuient jamais, & je ne
les ai point vus tenter de ſe nettoyer la peau,
excepté lorſque, graiſſant les roues de leurs
chariots, leurs mains ſont pleines de goudron

& de poix ; ils prennent alors de la boufe de
vache avec laquelle ils l'enlèvent très-aifément ,
& fe frottent en même-temps les bras jufqu'aux
épaules avec l'onguent qui en eft réfulté. L'or-
dure & la faleté , jointes à leur onction de fuie &
à la fueur qui s'exhale de leur corps , doit né-
ceffairement s'amalgamer peu à peu avec la
peau & changer fa couleur naturelle, d'un brun
clair en un jaune rembruni , que rend encore
plus fombre leur extrême mal-propreté.

» Outre le plaifir que prennent les Hottentots
à fe teindre le corps de la tête aux pieds , ils
fe parfument en outre avec une poudre d'herbes
qu'ils répandent également fur leurs cheveux
& fur tout leur corps. L'odeur en eft à la fois
rance & aromatique , (*Narcotico feu papaverino
fpirans*) & approche beaucoup de celle du pavot
mêlée avec des épices. Les plantes dont ils fe
fervent à cet effet font diverfes efpèces de
diofma , appelées par les Hottentots *bucku* ,
& qu'ils confidèrent comme ayant de grandes
vertus pour guérir les maladies. Il en eft une
forte entr'autres qui croît , à ce que l'on m'a
dit , près de la rivière Goud , qui eft fi pré-
cieufe que la quantité qui rempliroit un dé à
coudre , *eft vendue pour un agneau.*

» Les Hottentots ainfi enduits de graiffe , de
fuie & de poudre de bucku , fe trouvent en
grande partie à l'abri des injures de l'air , &
peuvent en quelque manière fe regarder comme
vétus. Du refte , les hommes & les femmes
paroiffent tout-à-fait nus , car on ne peut pas
appeler habillement les bandes légères de
peau, avec lefquelles ils couvrent une partie de
leur corps.

» Cette couverture, chez les hommes, confifte
en une bourfe faite de peau , fufpendue fans
être fermée , & qui femble deftinée à vétir
uniquement ce que la modeftie nous engage à
cacher ; mais comme cette bourfe n'eft attachée
qu'à une petite partie de fon bord fupérieur par
une ceinture étroite,& qu'on la laiffe pendre très-
bas , elle ne couvre prefque pas & même elle
ne fert à rien abfolument, foit que l'homme
agiffe ou qu'il marche. Ils donnent à cette
bourfe le nom Hollandois de *fackall* , petit
animal de l'efpèce du renard , fort commun
dans ce pays, parce qu'ils fe fervent prefque
toujours de la peau de cet animal pour faire ces
bourfes , en mettant le poil en dehors.

» Nous pourrions peut-être confidérer comme
un autre partie de vêtement que requiert la
décence, les deux bandes de peau que portent
les hommes , & qui pendent ordinairement du
dos jufques fur les cuiffes ; elles font en forme
de triangle ifocèle , & leur pointe au bord
fupérieur eft attachée à la ceinture dont je viens
de parler ; leur bout inférieur a au plus trois
doigts de largeur & pend négligemment : on
voit que ces courroies ne peuvent guère être
regardées comme vétemens ; quand le Hottentot court , par la raifon que ces courroies n'ont
eu qu'une préparation imparfaite, elles forment
en fe touchant une efpèce de raclement, & faifant l'effet de l'évantail, elles procurent une forte
de fraîcheur qu'ils trouvent agréable. L'unique &
réel but de cette partie d'habillement eft , à
ce qu'ils difent , de clorre un certain orifice
quand ils s'affeyent; ils les font en même-tems
fortir pour couvrir la petite bourfe ci-deffus

décrite ; car , me difoient-ils , ces parties ne
doivent pas refter découve tes lorfque l'on eft
affis , & fur-tout pour manger. J'ai néanmoins
obfervé qu'ils négligeoient fouvent cette coutume dictée par la décence. »

Parmi les Hottentots , ainfi que dans toutes
les autres parties du monde , le beau fexe a
toujours été recommandable par fa modeftie ,
auffi les femmes de ce pays fe couvrent-elles
beaucoup plus fcrupuleufement que les hommes ;
elles fe contentent rarement d'un feul vêtement,
mais en ont ordinairement deux & fouvent
même trois. Ils font faits d'une peau préparée
& bien graiflée ; elles les attachent autour de
leur corps avec un cordon , à peu près comme
nos dames attachent leurs tabliers. Celle de
deffus eft toujours la plus grande , portant de
fix pouces à un pied de largeur. Ce tablier de
deffus eft en même-temps le plus beau , étant
fouvent orné de grains de verre artiftement ar-
rangés & repréfentant diverfes figures , ce qui
prouve que , même chez le Hottentot fauvage ,
la délicateffe du beau fexe fe montre dans les
ouvrages d'ornemens , auffi bien que dans fon
génie inventif, & , plus que tout cela , dans le
plaifir qu'il prend à fe parer , afin de ne paroître
qu'avec tous les avantages & les agrémens qui
le diftinguent.

Le tablier extérieur, qui eft principalement
deftiné à fervir de parure, defcend à peu près à la
moitié des cuiffes ; celui du milieu eft de moitié
ou d'un tiers moins grand, & leur fert à fe couvrir
fi par hafard celui de deffus eft dérangé ; le
troifième enfin, qui n'eft guère plus large que la
main , devient utile à certaines époques, beau-

coup moins incommodes pour ces femmes que pour nos Européennes. Quoi qu'il en soit , ces tabliers , même ceux qu'elles prennent tant de foin de garnir de grains de verre , ne font pas moins induits & graiffés que leur corps.

Le vêtement que les Hottentots portent pour fe couvrir le corp: , eft une peau de mouton dont le côté laineux porte fur la peau. Cette peliffe, ou un autre manteau fait d'une fourrure plus petite , eft attachée fur la poitrine. Quand le temps n'eft pas trop froid ils le laiffent pendre négligemment par-deffus les épaules , & il defcend alors jufqu'au gras des jambes , laiffant la partie bafie des jambes & les cuiffes nues ; mais dans les temps pluvieux ou froids ils les attachent à l'entour de leur corps , de manière que tout le haut du corps fe trouve prefque couvert , jufqu'au deffous des genoux.

Comme une feule peau de brebis n'eft pas alors fuffifante pour remplir cet objet , il y a une pièce coufue ou plutôt attachée avec une corde , nerf ou boyau au bord de chaque côté. Dans les chaleurs , ils portent quelquefois ce manteau avec la laine deffus , mais alors il eft plus ordinaire de leur voir ôter tout-à-fait , & ils le portent fous leur bras. Les Hottentots ne fe chargent pas en général d'une grande quantité de manteaux de rechange ou kroffe , comme ils les appellent en mauvais Hollandois ; mais ils fe contentent d'un feul , qui leur fert en meme-temps d'habit & de lit. Ils couchent fur la terre à nu & fe ramaffent en un tas fi ferré , principalement quand le temps eft froid , que ce krofs ou karofs fuffit pour les couvrir.

Le manteau ou karofs dont fe fervent les

femmes pour le même but, ne diffère pas de
celui des hommes, fi ce n'eſt qu'elles ont une
longue pointe à leurs karofs, qu'elles élèvent
par ce moyen en forme de poche, laiſſant la
laine en dedans ; cette poche ſert à contenir
leurs petits enfans auxquels elles donnent à
teter en leur jetant la mamelle par-deſſus
l'épaule. Cet uſage eſt commun à beaucoup
d'autres nations.

Les hommes ne portent communément rien
ſur la tête. Je ne me ſouviens pas d'en avoir
rencontré plus de deux à qui j'aye vu des bonnets
faits de peau induite de graiſſe & dont la fourrure avoit été enlevée. Ceux qui ſont plus voiſins de nos Colonies Européennes, portent des
chapeaux à notre mode, ſoit ronds, ſoit relevés
d'un côté.

Les femmes ont auſſi la tête nue ; quand elles
ſe coiffent c'eſt toujours avec une eſpèce de
bonnet de la forme d'un cône tronqué ; il eſt
fait ſans couture, de la peau de quelque animal,
& eſt auſſi noir qu'il eſt poſſible de le faire avec
de la ſuie de cheminée & de la graiſſe. On les
prépare ſouvent de manière à les faire paroître
velus, d'autres encore reſſemblent au velours ;
au total ils n'ont point mauvaiſe mine.

Ils portent quelquefois ſur ce bonnet une
autre eſpèce de parure conſiſtant en une
guirlande ovale, ou, ſi le lecteur l'aime mieux,
une couronne faite de cuir de buffle avec le
poil brut en deſſus. Elle a environ quatre
doigts de hauteur & entoure la tête en deſcen-
dant ſur le front & ſur le derrière du cou, ſans
couvrir la partie ſupérieure du bonnet ci-deſſus
décrit. Les deux bords de cette guirlande ſont

doux & unis, & on y attache une rangée de petites coquilles de l'espèce du cyprea, au nombre de plus de trente ; elles font placées très-près les unes des autres, & de manière que leur bouche & le magnifique émail dont elle brille eft tournée tout-à-fait en dehors. Entre ces deux rangées de coquilles il en court une ou deux qui leur font parallèles, ou placées fuivant leur imagination. On peut imaginer quel effet agréable ces coquilles doivent faire en fortant de la fourrure brune d'une peau de buffle, & en même-temps quels charmes doivent ajouter l'apparence d'une dame Hottentote bien graiflée, fous ce bonnet & cette guirlande qui ne le font pas moins qu'elle.

Les oreilles des Hottentots ne font ornées d'aucun pendant non plus que leur nez, ainfi qu'il eft en ufage parmi un grand nombre de nations fauvages. Le nez cependant (& c'eft une marque de grande diftinction) eft quelque-fois orné d'une ligne de fuie, ou plus rarement encore d'une large tache de rouge de plomb. Dans les jours de gala ou de grande fête, elles fe font aufli de ces marques fur les joues.

Les hommes ont le cou abfolument nu, mais celui des femmes eft orné avec ce qu'elles regardent comme une parure magnifique ; con-fiftant en un cordon de peau brut, fur lequel font fixées huit ou dix coquilles faifant l'effet d'un collier. Elles relèvent fans doute la partie graffe fur laquelle elles font fufpendues, quoique peut-être pas en proportion du prix qu'elles coûtent. Ces coquilles ne valent pas moins d'une brebis la pièce, & on ne peut fe les

procurer que fur les côtes les plus reculées de
la Caffrerie.

Un autre ornement commun aux deux fexes,
ce font les anneaux aux bras & aux jambes ; la
plupart de ces anneaux font faits d'épaiffes
courroies de peau coupées circulairement, on
les bat & on les paffe au feu jufqu'à ce que
ces courroies reftent courbées tout naturellement. Ce font ces anneaux qui ont donné lieu
à l'idée prefque généralement adoptée, que les
Hottentots portent des boyaux autour de leurs
jambes pour les manger dans l'occafion. Les
hommes portent depuis un jufqu'à cinq ou fix
de ces anneaux à leurs bras , au-deffus du poi-
gnet , mais rarement aux jambes. Les dames
d'un rang diftingué en portent un grand nombre
aux bras & aux jambes , principalement aux
jambes , qui en font couvertes depuis les pieds
jufqu'aux genoux. Ces anneaux font de diverfes
épaiffeurs, il y en a de gros comme une plume
d'oie & d'autres comme trois ou quatre ; ils
font toujours d'une feule pièce , de forte que
quand on veut s'en parer il faut y paffer la
main ou le pied. Ils font attachés , petits ou
grands , l'un avec l'autre fans aucun ordre , &
excèdent tellement en largeur la groffeur des
jambes qu'ils ballottent & s'élancent l'un dans
l'autre lorfque celui qui les porte marche ,
ou lorfqu'il fait quelque mouvement.

On peut croire que ces anneaux , foit pour
les arranger , foit pour les porter , donnent
beaucoup de mal aux petites-maîtreffes Hot-
tentotes , & que , fans en examiner tous les dé-
fagrémens, ils doivent être lourds & gênans à
porter ; mais telle eft la bizarrerie de l'efpèce
humaine ,

humaine, que depuis le Hottentot ignorant &
groſſier dans ſes mœurs, juſqu'à ces nations
qui ont porté les arts & les ſciences à leur plus
grande perfection, dans tous les pays, c'eſt
à qui créera de nouvelles modes, au moins
inutiles, ſi elles ne ſont pas propres à nous
embarraſſer.

Les anneaux de fer ou de cuivre, & ſur-tout
ces derniers, de la groſſeur d'une plume d'oie,
ſont regardés comme plus élégans que ceux
faits de peau. Cependant on les porte quelquefois enſemble, particulièrement aux bras, juſqu'au nombre de ſix ou huit. On ne permet
pas aux filles d'en porter juſqu'à ce qu'elles ſoient
en âge d'être mariées. Un voyageur qui paſſoit à
travers le diſtrict de Zwellendam, eſſaya d'atten-
ter à la chaſteté d'une jeune fille de ſeize à dix-
ſept ans, qui étoit pubère; on dit qu'elle
refuſa ſes préſens & ſes offres, par cette ſeule
raiſon, que les vieillards de ſon Kraal n'avoient
pas encore jugé à propos de lui accorder la
permiſſion de porter des anneaux. Il m'eſt
impoſſible de décider s'il en eſt de même dans
tous les Kraals; mais il ne me paroît pas très-
probable que les filles de tous les Kraals ſoient
auſſi obéiſſantes à une loi auſſi ſévère.

Les Hottentots portent rarement des ſouliers,
(ceux dont ils font uſage ſont repréſentés dans
l'ouvrage de M. Sparmann) & ce ſont les
mêmes dont ſe ſervent les payſans Africains,
&, comme je l'ai depuis entendu dire, ils ſont
ſemblables à ceux des Eſthoniens, des Livoniens
& de quelques Finlandois. Je ne puis par cette
raiſon déterminer ſi cette coutume a été inven-
tée par les Hottentots, ou ſi les Hollandois la

D

leur ont apportée. La peau dont ils font ces
fouliers eft abfolument brute & le poil eft
tourné en dehors ; on ne lui donne pas d'autre
apprêt que de le battre & l'humecter. Si le cuir
eft trop épais & trop dur, comme celui du
buffle, on le laiffe quelques heures dans la fiente
de vache, ce qui le rend doux & flexible ; on
fe fert enfuite pour le perfectionner d'une efpèce de graiffe. Après que le cuir a été préparé,
on en fait des fouliers de la manière fuivante.
On prend un morceau de cuir coupé à angles
droits, un peu plus long & un peu plus large
que le pied qu'il doit contenir ; les deux coins
fupérieurs font doublés enfemble, & coufus
de manière à couvrir la partie fupérieure du
pied. On peut éviter cette couture & faire les
fouliers beaucoup plus proprement, auprès de
l'orteil, en couvrant le bout d'une forte d'em-
peigne faite de la membrane du genou de
derrière d'un certain animal. Pour élever ce
morceau de cuir à un pouce du pied des deux
côtés & le fermer auffi proprement qu'il eft
poffible, on y fait des trous à de petites dif-
tances tout à l'entour, jufqu'au quartier de
derrière, & on paffe dans ces trous un cordon
par le moyen duquel on le tire en le pliffant.
Pour rendre le montant du talon plus fort,
il eft doublé en dedans, & par ce moyen
il forme un élévation & preffe contre le
talon ; on les attache alors fur le coude-pied.

De femblables fouliers ont fans doute leur
avantage. Ils collent bien fur le pied & en confer-
vent la forme. On les conferve dans leur état
de flexibilité en les portant conftamment ; mais
fi au bout d'un certain temps les bords en

deviennent trop durs, on parvient facilement à
les ramollir en les battant & en les graiſſant.
Ils ſont très-légers & très-frais, parce qu'ils ne
couvrent pas autant le pied que les nôtres. Ils
ſont d'un très-bon uſé, parce qu'il n'y a point
de coutures, & que les ſemelles ſont dures &
de réſiſtance. Les ſouliers de cuir ordinaire ſe
brûlent & ſe déchirent facilement en marchant
dans les ſables brûlans de l'Afrique, & les ſouliers de campagne, comme on les appelle,
étant d'une peau beaucoup plus forte, ſont d'un
meilleur uſage. On peut auſſi ſe les procurer à un
prix extrêmement médiocre, la peau dont ils ſont
faits, étant abſolument brute & un homme faiſant
une paire de ſouliers dans une heure ou deux. Il y
auroit quelque avantage à introduire cette eſpèce
de ſouliers parmi nous ; ils ſeroient plus écono-
miques & plus agréables pour l'été. J'en ai
rapporté une paire dont je me ſuis ſervi pour
marcher dans le pays, & ils ſerviront de mo-
dèles ſi quelqu'un vouloit en faire faire une
paire pour les eſſayer. Si on les trouve utiles,
qu'ils viennent de Paris ou de chez les Hottentots, méritent-ils moins que nous en admirions
la façon & que nous nous empreſſions de l'i-
miter.

Les Hottentots qui vivent dans ces contrées,
on dans les limites des Colonies Hollandoiſes,
font rarement uſage d'armes. On voit de loin
en loin un homme armé d'une ſorte de javeline,
appelée zagaie, pour ſe défendre des loups.

Leurs habitations ſont, comme leur habillement, aſſorties à leur manière de vivre errante
& paſtorale ; leurs maiſons méritent à peine un
autre nom que celui de huttes, quoiqu'elles

D 2

foient peut-être auffi fpacieufes & tout auffi
commodes que les tentes & habitations de nos
anciens patriarches ; elles fuffifent au peu de
befoins des Hottentots , qui peuvent être regardés comme heureux , puifqu'il leur eft fi
facile de fe fatisfaire. Leur extrême fimplicité
eft peut-être la raifon pour laquelle , dans un
kraal ou village Hottentot , toutes les huttes
font conftruites de la même manière ; on y rencontre une forte d'architecture uniforme , qui
ne permet pas à l'envie de les dévorer fous
leur toît ; & certes l'égalité de fortune & de
bonheur, qui eft le partage de ces peuples , eft
bien propre à les garantir de cette paffion qui
éveille à la fois toutes les autres.

Chaque hutte eft difpofée de la manière
fuivante. Il y en a de forme circulaire & d'autres
de forme oblongue, reffemblant à une ruche ou
à un caveau ; elles ont de dix-huit à vingt-
quatre pieds de diamètre. Les plus élevées font
fi baffes que, même dans le centre de la voûte,
il eft à peine poffible qu'un homme de moyenne
taille fe tienne droit ; mais le peu de hauteur
de la cabane & de la porte, qui n'a que trois
pieds , ne peut être confidérée comme un incon-
vénient pour le Hottentot , qui ne voit aucune
difficulté à fe baiffer & à marcher à quatre pieds,
& qui , dans tous les temps , aime mieux être
couché que debout.

Le foyer eft dans le milieu de chaque hutte, &
par ce moyen les murailles ne font pas fi expofées
au danger du feu. Les Hottentots en retirent un
autre avantage , celui de pouvoir fe placer en
cercle autour du feu , de manière que toute la
compagnie jouit également de la chaleur.

La porte, toute baſſe qu'elle eſt, eſt le ſeul endroit par où la lumière peut entrer, & en même temps le ſeul par où s'échappe la fumée. Le Hottentot, qui y eſt accoutumé depuis l'enfance, la voit tourner autour de lui ſans que ſes yeux en ſoient incommodés, tandis que roulé comme un hériſſon & renfermé dans ſa peau de mouton il repoſe au fond de ſa hutte & jouit d'une parfaite tranquillité au milieu d'un nuage de fumée. Il ſe dérange cependant de temps en temps pour attiſer le feu, allumer ſa pipe, ou pour retourner les tranches de viande qu'il fait griller ſur les charbons.

Il n'eſt pas difficile de ſe procurer les ma-tériaux néceſſaires pour conſtruire ces cabanes ; la manière propre & ſans art avec laquelle il les aſſemblent mérite que l'on en faſſe honneur à un Hottentot, elle eſt très-convenable à ſon caractère. Tout ce qui ſoutient ce toît voûté, ainſi que je l'ai décrit ci-deſſus, eſt compoſé de baguettes minces ou de menu bois ; ces baguettes, après avoir été attachées enſemble, ſont placées ou entières ou par pièces, les unes parallèles & les autres en croix ; elles ſont renforcées par d'autres que l'on fixe tout à l'en-tour avec de l'oſier. Ces eſpèces d'oſier & les baguettes ſont priſes, autant que je puis me le rappeler, principalement du chiffortin-conoïdes, qui croît en abondance dans ce pays, ſur le bord des rivières. De grandes nattes ſont alors placées ſur les côtés ſervant de murailles, de manière à les couvrir parfaitement. L'ouverture laiſſée pour la porte eſt fermée, quand ils le trou-vent néceſſaire, avec une peau ou une pièce de natte diſpoſée exprès ; ces nattes ſont faites de

D 3

canne ou de roſeau, placées parallèlement, & ſont
attachées avec de petits nerfs ou cordes de
boyau, ou avec une ſorte de fil que les
Européens leur fourniſſent. Ils peuvent par cette
raiſon les faire de la longueur qu'il leur plaît,
& en même temps d'une largeur égale à la
longueur des roſeaux, c'eſt-à-dire, de ſix à dix
pieds. Nos Colons font uſage de cette même
eſpèce de natte pour couvrir les banes de leurs
chariots & empêcher la toile de ſe déchirer
par le frottement; elles ſont en même temps
impénétrables à l'eau.

Quand un Hottentot veut emporter ſa cabane
& changer de demeure, il poſe ſes nattes,
ſes peaux & ſes baguettes ſur le dos de ſes
beſtiaux, ce qui les fait prendre par un étranger,
qui ne les aperçoit que de loin, pour des
monſtres inconnus, & qui ont la forme la plus
bizarre.

L'ordre ou la diſtribution de ces huttes en
Kraals, eſt ordinairement en forme de cercle, &
les portes s'ouvrent en dedans; on forme par ce
moyen une cour où les beſtiaux ſe trouvent
comme renfermés pendant la nuit. Le lait, auſſitôt
qu'il eſt trait, eſt mêlé avec du lait déja tourné,
& on le conſerve dans un ſac de peau. Pour
plus grande propreté on met le poil en dedans. Ils
ne boivent jamais le lait doux. Dans certains
diſtricts du nord, tels que le Rogge-Veld ou
Bockkeveld, où la terre eſt, comme on l'appelle
carrow (ſèche & brûlée), les Hottentots, auſſi-
bien que les Colons, ſont tous bergers.

Note V. (E) M. Permant décrit ainſi le Zébre. Il a
une crinière courte & droite; la tête & le cou

font marqués de lignes de couleur brune tranf-
verfales fur un fond jaune ; les jambes & les
cuifles font tachetées de lignes diagonales ; la
queue, comme celle de l'âne, & garnie au bout
de long poils ; fa taille eft à peu près la même
que celle d'un mulet.

Ce magnifique quadrupède fe trouve depuis
le Congo & Angola, en traverfant l'Afrique,
jufqu'en Abyffinie, & au fud, auffi bas que le
Cap. Il erre dans les plaines, mais auffitôt
qu'il aperçoit des hommes, il fuit vers le
bois & difparoît. Cet animal va par troupes,
eft vicieux, indomptable, & ne peut être d'aucune utilité ; il eft extrêmement léger. Les Por-
tugais lui donnent le nom de *burro di matta*,
ou âne fauvage.

Le Quacha eft marqué comme le zébre, fur
la tête & fur le corps, mais il a moins de
lignes ; fes flancs font tachetés ; il a la croupe
unie ; le fond de la couleur de la tête, du
cou, du corps & de la croupe eft bai-brun ; le
ventre, les cuifles & les jambes font blanches
& ne font point du tout tachetées.

On a jufqu'ici fuppofé que cet animal étoit
la femelle du zébre, mais d'après de nouvelles
obfervations on a reconnu que le zébre mâle &
le zébre femelle portoient les mêmes marques.
Le quacha en diffère en ce qu'il eft plus gros
& taillé d'une manière plus forte ; il eft auffi
plus traitable, & on eft parvenu à en apprivoi-
fer un, au point de lui faire tirer un chariot.

(F) Les Boshiefnéens, dit M. Sparrman, Note VI.
& principalement ceux qui vivent aux environs
de Cambedo & de Sneuwberg, font ennemis

jurés de la vie paſtorale. Une de leurs maximes
eſt de vivre de chaſſe & de pillage, & de ne jamais
garder auprès d'eux un animal vivant pendant
l'eſpace d'une nuit. Par ce moyen ils ſe rendent
odieux au reſte des hommes, & ſont par-tout
pourſuivis & exterminés auſſi vivement que les
bêtes farouches, dont ils ont pris les uſages & les
mœurs. Il y en a cependant que l'on garde & que
l'on ſoumet à l'eſclavage. Leurs armes ſont des
fléches empoiſonnées, qui, lancées par le moyen
d'un petit arc, volent juſqu'à la diſtance de deux
cents pas. Ils ſont preſque certains de toucher un
but à la diſtance de cinquante & même de cent pas.
De cette diſtance ils peuvent, ſans qu'on les voie,
tuer le gibier qu'ils pourſuivent pour leur nourriture, ou porter la mort dans le ſein de leurs
ennemis ; un animal tel que le lion, n'eſt pas
même à l'abri de leurs traits. Ce fier animal
tombe bleſſé par un arme qu'il mépriſe, ou
qu'il ignoroit que l'on dût employer contre
lui ; tandis que le Hottentot, caché, parfaitement raſſuré dans ſon embuſcade, certain de
l'effet de ſon poiſon, qu'il prend toujours le plus
virulent qu'il lui eſt poſſible, contemple avec
un barbare plaiſir la bête qu'il a bleſſée pour la
voir languir & mourir preſqu'au même inſtant.

J'ai dit que leurs arcs étoient petits ; ils n'ont
guères que trois pieds de longueur & un pouce
d'épaiſſeur au milieu ; ils ſe terminent en pointe
à chaque bout. J'ignore abſolument de quel
bois ils ſont faits ; mais il ne paroît pas très-
élaſtique. Les cordes des arcs que j'ai vus étoient,
les unes de petits nerfs & d'autres d'une eſpèce
de chanvre ou de l'écorce intérieure de quelques
plantes. La plupart ſont faites très-groſſièrement,

ce qui prouve que le tireur compte plus fur
la violence du poifon de fes armes, que fur la
manière dont elles font faites ou fur leur force.

Les flèches ont un pied & demi de longueur;
elles font faites d'un rofeau d'un pied de longueur dont la bafe, à la partie qui repofe fur
la corde, eft garnie d'un nœud de groffeur
convenable. Immédiatement au-deffus de ce
nœud il y a un joint dans le rofeau, vers lequel
font fixées des cordes faites de nerf pour lui
donner plus de force; l'autre bout du rofeau
eft armé d'un os bien poli, de cinq à fix pouces
de longueur. A la diftance d'un pouce ou deux
de la pointe de cet os, il y a un morceau de
plume attaché avec du nerf, pour que la flèche
entrée dans les chairs ne puiffe pas en être
retirée facilement, & que le poifon y féjournant
plus long-tems faffe plus fûrement fon effet.

Il n'eft pas cependant commun de voir des
pointes de flèches telles que je viens de décrire
celle-ci, avec un os pointu feulement qui en
forme le bout. La flèche eft plus ordinairement
coupée quarrément par le bout, & un morceau
de fer triangulaire fort mince y eft fixé. Comme
l'os n'a aucune forte de cavité, je ne ne puis
favoir de quel animal il eft pris. Dans l'état où
je l'ai vu, comme il fait partie de la flèche, il
eft d'un brun obfcur, plein de petites rainures
ou côtes, & ne paroît avoir jamais été auffi
blanc que l'ivoire. Cependant à l'une des flèches
que j'ai apportées, l'on pourroit croire que cet
os eft en effet d'ivoire. Nous pouvons conclure
de là que fur les flèches armées de fer, l'os eft
principalement employé pour donner à cette
arme une forte de poids, & auffi qu'elles

coûtent beaucoup de travail à ceux qui les font.

Leurs carquois ont deux pieds de longueur & quatre pouces de diamètre. Si on peut tirer une conclusion de ceux que j'ai vus, & des deux que j'ai rapportés avec moi, ils sont faits d'une branche d'arbre perforée, ou, ce qui est encore plus probable, de l'écorce d'une de ses branches, enlevée d'un seul morceau. Le fond & le couvercle sont de peau; l'extérieur est enduit d'une matière grasse qui durcit en séchant. Les deux carquois que j'ai rapportés sont bordés vers l'ouverture avec une peau de serpent, &, comme on me l'a dit, avec la peau du serpent jaune, qui est considéré comme le plus venimeux de tous ceux du pays. Outre une douzaine de flèches, chaque carquois contient une petite pierre tendre à aiguiser pour adoucir la pointe de fer, une brosse pour broyer le poison, & quelques petits morceaux de bois de différente grosseur, mais tous de la même longueur que les flèches; j'ignore à quoi ils servent. Le poison dont ils font usage est extrait de diverses sortes de serpens dont les plus venimeux sont les meilleurs, soit que leurs flèches soient lancées sur leurs ennemis ou seulement sur le gibier; car j'ai déja observé que les Hottentots savoient très-bien que, pris intérieurement, ce venin n'avoit aucun mauvais effet.

Les demeures de ces ennemis de la vie pastorale ne sont pas en général plus agréables que leurs maximes & leurs mœurs; semblables aux bêtes farouches, les buissons & les cavernes taillées dans le roc par les mains de la nature, leur tiennent lieu de maisons indiffé-

remment, & l'on dit qu'il y en a quelques-
uns qui font fi fort au-deſſous des bêtes ſauvages,
que l'on a trouvé leurs excrémens tout près de
leur demeure. Un grand nombre d'entre eux
font abſolument nus, & ceux qui font capables
de ſe procurer, pour ſe couvrir, la peau de
quelque animal, grande ou petite, l'attachent
ſur leurs épaules d'où elle tombe auſſi bas
qu'elle peut atteindre, & ils la portent juſqu'à
ce qu'elle ſe détache par lambeaux. Auſſi igno-
rans en agriculture que les ſinges, comme
eux ils ſont obligés d'errer ſur les montagnes
& dans les vallées pour cueillir certaines racines
ſauvages, des baies & des plantes, qu'ils
mangent crues, afin de prolonger une exiſtence
miſérable, qui ſe termineroit bientôt par leur
uſage, s'ils euſſent été accoutumés à faire une
meilleure chère.

Leur table eſt quelquefois couverte d'autres
mets, parmi leſquels on peut compter les coques
des inſectes, d'où ſortent les papillons, une
ſorte de fourmi blanche, des ſerpens & pluſieurs eſpèces d'araignées. Avec tant d'eſpèces
d'alimens, le Boshiemen ſupporte quelquefois
le beſoin au point de n'être plus qu'une ombre
animée. Je ne fus pas peu ſurpris quand je vis
pour la première fois dans le Lange-Kloaf,
un jeune garçon appartenant à cette claſſe
d'hommes, qui avoit le viſage, les bras, les
jambes & le corps ſi minces & ſi décharnés
que j'aurois affirmé qu'il n'avoit été réduit à
cet état d'éthiſie que par la fièvre épidémique
qui avoit cauſé tant de ravages dans ce pays, ſi
je ne l'euſſe, preſqu'au même inſtant, vu
courir avec toute la légéreté d'un cerf. Peu

de femaines fuffifent pour ramener ces gens de l'extrême état de maigreur où ils font quelquefois à celui d'embonpoint & même pour les rendre tout-à-fait gras, leur eftomac étant affez fort pour digérer une grande quantité d'alimens; car on peut dire avec raifon qu'ils s'empâtent plutôt qu'ils ne mangent. Il arrive fouvent, il eft vrai, qu'ils ne peuvent retenir long-temps tout ce qu'ils ont pris; mais cela ne les empêche pas lorfqu'ils fe font débarraffés de ce fuperflu, de recommencer fur nouveaux frais.

La manière de faire de ces hommes des efclaves n'eft nullement difficile. Plufieurs fermiers qui en ont befoin fe réuniffent & font un voyage dans la partie du pays où les Bofhiemens font retirés; eux-mêmes & leur lego-Hottentots, ou les Boshiemens qui ont été attrapés depuis long-temps & qu'ils ont aprivoifés à leur fervice, ils cherchent à découvrir où les Boshiemens fauvages font leur demeure. L'indice le plus fûr eft la fumée des feux qu'ils allument. On les trouve par bandes, depuis dix jufqu'à cinquante & même cent, en comptant grands & petits; malgré cela les fermiers hafardent, au milieu de l'obfcurité de la nuit, de s'en approcher avec fix ou huit des leurs, ayant foin de fe cacher du mieux qu'ils peuvent autour du Kraal. Ils leur donnent enfuite l'alarme par un ou deux coups de fufil. Ce bruit répand une telle confternation parmi ces fauvages, qu'il n'y a que les plus hardis & les plus adroits qui ont le courage de forcer le cercle & de fe fauver. Les affaillans font fort aifes d'en être débarraffés à fi bon marché; ceux qui font ftupides, craintifs & frappés de terreur n'ont

plus la force de fe défendre, fe laiffent prendre
& mener en efclavage ; ils répondent par cette
raifon au but de leurs raviffeurs.

On commence par leur faire le meilleur trai-
tement poffible ; c'eft-à-dire, que les vainqueurs
entremêlent les plus belles promeffes avec les
menaces , & tâchent, s'il eft poffible, de tuer
quelques-unes des plus grandes efpèces de gibier
pour leurs prifonniers, telles que des buffles,
des vaches marines & d'autres animaux femblables. De fi agréables morceaux & un peu
de tabac les engagent bientôt ; mignardés &
fêtés comme ils le font, ils confentent gaiement
à aller dans la Colonie. Alors ces fêtes qu'on
leur donnoit & ces morceaux friands qu'on
leur apprêtoit font changés en des portions
plus modérées , confiftant pour la plupart en
lait de beurre, en froment mondé & en bouillie.
Cette nourriture engraiffe les Boshiemens,
comme je l'ai déja dit, en peu de femaines.
Il ne tarde cependant pas à trouver fa bonne
nourriture rendue amère, par les plaintes & les
mauvais traitemens de fon maître & de fa mai-
treffe. Les mots de *t'gufery* & *z'gaunatzy*, que
l'on pourroit peut-être traduire par ceux de
forcier & lutin, font les expreffions avec lefquelles on prend foin de les familiarifer , &
que l'on accompagne fouvent de gefte & de
coups, font la peine méritée de leur négligence;
la lenteur & la pareffe , défaut nés avec eux ,
forment la bafe de leur caractère. Il en réfulte
qu'accoutumés dès l'enfance à dédaigner toute
efpèce de travaux auffitôt qu'ils ont pris des
forces , ils deviennent ce femble plus indolens
encore ; ces malheureux regrettent bientôt leur

vie errante & libre ; ils s'aperçoivent que
leur volonté eft anéantie toute entière , & dé-
goûtés de la fervitude , il n'eft pas furprenant
qu'alors ils faffent tous leurs efforts pour recouvrer leur liberté en s'échappant ; mais ce qui
pourra paroître fort extraordinaire , & qui
excite toute l'attention du philofophe, c'eft que
quand ces pauvres malheureux fe fauvent , ils
n'emportent jamais rien avec eux de ce qui ne
leur appartient pas.

SECOND VOYAGE.

TYGER-BERG ; ═ Stillen-Bosch ; ═ Rivière
Erft ; ═ Paffage du Kloaf des Hottentots
Hollandois ; ═ Arrivée à la rivière Zonde-
reynd ; ═ Impoffibilité de la traverfer ; ═
Refté ici pendant plufieurs jours ; ═ Excurfion à la bàie de Catharina ; ═ Voyage au
Groena - Kloaf ; ═ Montagnes couvertes de
neige ; ═ Le temps nous force à retourner à
l'Eft, & à traverfer le Plata-kloaf dans la terre
de Chanua ; ═ Arrivée à un bain chaud ; ═
Pays abondant en bêtes féroces ; ═ M. Van-
Renan & l'Auteur perdent leur bagage ; ═
Voyage à travers le Karo en s'avançant vers le
Coud-Bokkeveld ; ═ Whitfonberg ; ═ Rivière
malheureufe ; ═ Arrivée à la fontaine Saumâtre ; ═ Vifite de deux Payfans qui habitent
le Karo pendant la faifon où les montagnes
font couvertes de neige ; ═ Obfervations fur
une maladie parmi les brebis ; ═ Détails
relatifs à une femme qui a été mordue par un
ferpent ; ═ Nous arrivons avec beaucoup de
peine à Rhinoceros-Bofch ; ═ Nous graviffons
fur le Rogge-Veld-Berg ; ═ Sol & climat ; ═
Quelques obfervations relatives aux Mon-

tagnards dans ce pays ; ══ *Troupeaux de Quachas ;* ══ *Frontières du pays habité par les Boshmen ;* ══ *Visite au Heutans ;* ══ *Maladie parmi les chevaux, particulière au pays ;* ══ *Amyrilas - disticha, poison fatal aux bêtes à cornes ;* ══ *Observations sur le changement subit du climat au Hentum-Berg ;* ══ *Nous nous avançons vers le Bokkeland - Bergen ;* ══ *Sol & productions ;* ══ *Route jusqu'à la grande rivière ;* ══ *Arrivée à la grande rivière de Thorn, très-fréquentée par les lions ;* ══ *Passage à un endroit appelé* la Caverne du lion *;* ══ *L'eau très-mauvaise dans ce pays ;* ══ *Arrivée à la rivière Black-Thorn ;* ══ *Petite terre de Nimiqua ;* ══ *Arrivée à la rivière verte où nous rencontrons quelques Hottentots-Nimiqua ;* ══ *Leurs mœurs, leurs usages ;* ══ *Gravi sur une montagne très-escarpée, vu l'océan à l'ouest à environ trente milles ;* ══ *Arrivée au Cousie ou rivière de sable ;* ══ *Description de l'Aloès-dichotoma ;* ══ *Passage du Copperberg ;* ══ *Rencontre de quelques Boshmen ;* ══ *Leur manière de vivre ;* ══ *Entrés dans une plaine sablonneuse & déserte, que nous avons beaucoup de peine à traverser ;* ══ *Fort embarrassés par le défaut de provisions ;* ══ *Quelques détails sur la grande rivière ;* ══ *Montagnes & productions du pays ;* ══ *Poisons*

employés

employés par les Hottentots ; ⸺ Situation
désagréable de M. Van-Renan en traversant
la rivière ; ⸺ Les Hottentots mangent des
sauterelles ; ⸺ M. Van-Renan tue un cana-
léopard, dont la plus grande partie est dévorée
par les lions ; ⸺ Crue subite de la rivière ; ⸺
Grande chaleur ; ⸺ Tue un hyppopotame ; ⸺
Manière dont les naturels attrapent ces animaux ; ⸺ Fontaine des zèbres ; ⸺ Difficulté
de traverser une plaine sablonneuse ; ⸺ Envoie
chercher du secours ; ⸺ Arrivée à la fontaine
Saumatre ; ⸺ Petite fontaine de Copper-
Berg ; ⸺ Visite aux mines de cuivre ; ⸺
Le Camis-Berg, résidence d'été de la plupart
des paysans dans la terre de Nimiqua ; ⸺
Continuation à Casper-Kloaf & de là au
Bokke-Veld ; ⸺ Intention de traverser le pays
du Bokke-Veld en Caffrerie ; ⸺ Raisons qui
nous empêchent de faire ce voyage ; ⸺ Excursion dans une partie de la terre des Boshmens ; ⸺
Arrivée à la rivière des Éléphans ; ⸺ Nous
restons à l'Heer-Lodsiement ; ⸺ Le Piquet-
Berg ; ⸺ Arrivée à la rivière Berg ; ⸺ Con-
tinuation au Cap de Bonne-Espérance ; ⸺
Arrivée le 20 novembre 1778.

APRÈS avoir demeuré quatre mois au Cap,
j'en partis au mois de mai pour faire un second

Mai
1778.

E

voyage dans le pays. Dans cette excurfion je fus accompagné par un jeune homme qui, quoiqu'habitant du Cap, étoit poffeffeur de plufieurs fermes dans les campagnes de l'intérieur.

Dans la matinée du 22 mai, nous quittâmes Ronda-Bofchie, maifon appartenant au compagnon de mon père, & dont j'éprouvai les plus grandes marques d'amitié pendant mon féjour dans ce pays; nous fûmes, à travers une plaine fablonneufe, à Tyger-Berg, où nous dînâmes. La campagne devenue intéreffante pour un voyageur qui prend plaifir à confidérer les fcènes variées de la nature, préfentoit de tous côtés le tableau du travail & du bonheur; les fermiers étoient occupés à labourer & à femer. Dans l'après-midi nous continuâmes notre courfe vers le fud-eft, & nous paffâmes la nuit dans la maifon de M. Cluta, près Stillen-Bofch. Le 23 nous continuâmes jufques vers la rivière Erft, & fîmes une courte excurfion fur les montagnes de Stillen-Bofch, ou je fis une collection confidérable des plantes les plus belles & les plus rares, particulièrement les diverfes fortes de bruyères & de zeille, qui embelliffoient de près & de loin toute la campagne. La terre eft, dans ce canton, de la plus grande fertilité, & produit abondamment du blé

Mai
1778.

& du vin, ainfi que tous les autres fruits que l'on trouve au Cap.

Le lendemain nous dirigeâmes notre route à l'eft-fud-eft, au Kloaf des Hottentots-Hollandois, où il y a un fentier efcarpé fur la longue chaîne de montagnes (dont j'ai parlé dans mon premier voyage), lequel commence au Cap-Falfe, s'étend dans la direction du nord-oueft, & communique par plufieurs branches dans l'intérieur du pays ; ces montagnes font fouvent couvertes de neiges pendant l'hiver, & comme nous étions au commencement du printemps, j'avois efpérance de découvrir beaucoup de plantes qui pourroient fe naturalifer en Europe & nous devenir utiles. Ce défir étoit le motif principal de mon voyage, dans un temps où un obfervateur rencontre fans ceffe des dangers nouveaux par la crue fubite des rivières. Dans l'après-midi nous atteignîmes la rivière de Kraals-Knoflick, qu'il nous fut impoffible de paffer avant le 26. Quand nous eûmes quitté ce canton, nous prolongeâmes notre courfe jufqu'aux bains chauds, qui font à environ 60. milles du Cap.

Ayant continué notre route à Tyger-Hock, & chaffé un animal de l'efpèce des antelopes, appelé *bonta-buck*, nous le tuâmes. Nous rencontrâmes deux payfans qui venoient de fort

E 2

loin, & qui s'en alloient au Cap. Ils nous informèrent que le pays par lequel ils avoient
paſſé étoit entièrement ſtérile, faute de pluie ;
& que ce n'avoit été qu'avec beaucoup de peine
qu'ils avoient pu ſe procurer de l'eau pour leurs
beſtiaux, quoique dans l'endroit où nous nous
trouvions les rivières fuſſent ſi groſſes & ſi
rapides, qu'il étoit impoſſible de les traverſer.

Dans la journée du 28 nous dirigeâmes notre
route à l'orient ; mais l'inclémence de la ſaiſon
nous força de nous arrêter dans la première
maiſon qui ſe préſenta, & qui n'étoit qu'à environ
huit milles du Tyger-Hock ; nous y reſtâmes
toute la nuit, & le jour ſuivant, ayant pouſſé
juſqu'à la rivière Large, à l'endroit où elle ſe
joint à la rivière de Zondereynd, nous fûmes
obligés de ſéjourner là malgré nous, par l'im-
poſſibilité de la traverſer. Nous n'étions
pas les ſeuls voyageurs qui ſe trouvaſſent retenus par la même cauſe ; grand nombre de voitures étoient retenues ſur la rive oppoſée depuis
pluſieurs jours, en attendant que l'eau diminuât.
Il y a ici un bac, mais il n'eſt d'aucun uſage
lorſque la rivière eſt rapide ; celui qui le tenoit
étoit un vieillard Allemand, qui avoit vécu
entre les deux rivières depuis pluſieurs années.
Il nous propoſa obligeamment de nous faire
traverſer la rivière de Zondereynd, & nous

fit offre de fa maifon jufqu'à ce que la rivière
fut guéable pour les chevaux & les voitures.
Nous laifsâmes aux Hottentots le foin du bagage,
& nous acceptâmes fon offre avec reconnoiffance.
Pendant notre féjour ici, le thermomètre fut
très-fouvent à quarante degrés, avec beaucoup
de pluie & des neiges mélées de pluie ; & les
montagnes étoient couvertes de neiges. Le 8
juin nous pafsâmes avec beaucoup de difficulté,
& nous nous rendîmes à Zwellendam, où nous
reftâmes toute la nuit.

   Nous fûmes de Zwellendam, à la rivière des
Buffles, où nous nous reposâmes durant quelques
jours, dans la maifon de M. Van-Renan.
J'ajoutai beaucoup à ma collection de plantes.

   M. Van-Renan nous donna un attelage de
bœufs de trait, & nous accompagna. Le 16, à
l'embouchure de la rivière d'Or, ou Gold-River,
je vifitai la baie Catharina, qui fe trouve à
environ 280 milles du Cap; la baie eft large,
& fon entrée du côté de la mer eft à l'oueft-
quart-nord-oueft., ce qui expofe fouvent les
vaiffeaux au vent de fud-eft. Il y a près de douze
ans qu'un vaiffeau François fe perdit dans cette
baie. La campagne adjacente eft prefque ftérile,
& peu avantageufe pour les vaiffeaux qui viennent y mouiller pour y prendre des rafraîchif-
femens, par la raifon qu'elle eft fort peu habitée.

Ne trouvant que fort peu de plantes en fleurs ;
nous retournâmes à la maison de M. Van-Renan,
pour aviser sur la route la moins difficile que
nous avions à prendre. A la fin nous convînmes
de traverser la longue chaîne de montagnes à
l'occident, par un passage appelé le *Kloaf de
Groena*, que l'on nous dit être la route la
plus agréable dans cette saison.

En conséquence nous dirigeâmes notre course
à l'est, & le 27 nous arrivâmes à la maison de
Jacobus Botta, homme âgé de quatre-vingt-dix
ans. Une si belle vieillesse est extrêmement rare
dans ce pays, où, quoique les habitans soient
en général d'une bonne constitution dès l'enfance, & le climat très-favorable, ils ne jouis-
sent pas pour la plupart d'une très-longue vie.

Le 28 nous continuâmes notre route à l'ouest,
le long de la chaîne de montagnes couvertes
de neiges, dont j'ai parlé. Nous éprouvâmes
un froid très-rigoureux, avec une forte pluie
& un grand vent de nord-ouest. Le thermomètre, à huit heures du matin, étoit à 43 degrés;
à midi, à 47 degrés; à quatre heures de l'après-
midi, à 44 degrés; & sur les huit heures du
soir, à 42. A la nuit tombante nous nous reti-
râmes dans une ferme près de la rivière Large.

Le temps étoit si mauvais le 29, qu'il nous
fut impossible d'aller plus avant; en attendant

je fis quelques excurſions ſur les montagnes ,
où je ramaſſai des plantes très-rares.

Un particulier, qui venoit de la partie occidentale , nous conſeilla de ne pas pénétrer plus
avant dans cette direction , d'autant qu'il ne
nous feroit pas poſſible de paſſer la rivière
pendant pluſieurs jours , les montagnes étant
couvertes de beaucoup de neiges, leſquelles
venant à ſe fondre, feroient déborder les rivières. Les récits qu'ils nous fit étoient ſi dé-
courageans , que je me déterminai à retourner
en arrière , & de franchir les montagnes dans
un autre endroit à l'eſt, appelé le *Kloaf-Pluta* ;
nous y arrivâmes le 8 juillet.

Nous parvînmes ſur le ſommet des montagnes avec quelques difficultés, le 10 , & nous
entrâmes dans un pays (dont j'ai parlé dans
mon premier voyage) appelé la *terre de Chama.*
D'ici nous continuâmes vers la partie orientale,
& dans ce long voyage j'ajoutai conſidéra-
blement à ma collection de plantes de la claſſe
du mezembryanthimum. Dans la ſoirée nous
fûmes à un bain chaud, qui paroiſſoit être aſſez
ſemblable , par ſes propriétés, à ceux dont j'ai
déja fait mention, excepté que la chaleur en
étoit plus tempérée. La chaleur du bain, au
thermomètre , eſt de 107 degrés , & à l'endroit.
où la ſource jaillit du rocher , elle eſt de 110

E 4

degrés. Nous féjournâmes ici pendant quelques jours, & le 13 nous envoyâmes notre bagage en avant de grand matin, ayant une bonne journée de marche à faire. Sur les dix heures du matin nous devançâmes notre voiture, & fûmes informés par le conducteur, que deux lions avoient traverfé cette route environ une heure auparavant. Cette partie du pays abonde en animaux féroces, qui rendent les voyages extrêmement dangereux. La terre eft couverte d'arbriffeaux d'environ quatre pieds de hauteur, nommés par les naturels *Guerné* efpèce de royena. Cette plante fournit un ombre fuffifante pour fervir de retraite & y cacher les lions, les tigres & toutes les diverfes efpèces d'animaux qui vivent de leur chaffe. Ils fe tapiffent pendant le jour dans les lieux les moins habités, & dès que la nuit approche, ces animaux, excités par la faim, commettent des déprédations dans toutes les fermes adjacentes.

Le fol de ce pays eft une argile légère & fa confiftance eft fi peu propre à la culture, que quoique nous fuffions dans la plus belle faifon de l'année, il y avoit à peine quelques herbages çà & là, & très-éloignés les uns des autres. Je trouvai beaucoup de plantes fuccu-lentes en fleurs, ainfi qu'une efpèce de géra-nium fpinofum, que je ne connoiffois pas,

Après une journée très-longue & très-fatigante, nous arrivâmes le 13 à un courant
d'eau, près duquel nous reſtâmes une partie
de la nuit. Il plut beaucoup, & nous entendîmes de fréquens coups de tonnerre. Le
thermomètre, à huit heures du foir, étoit à 45
degrés.

Le lendemain matin ayant trouvé un kraal
Hottentot, à environ deux milles, je pris un
de ceux qui l'habitoient pour nous fervir de
guide ; d'autant que de tous ceux qui nous
accompagnoient, aucun ne connoiſſoit parfaitement le pays. Mon compagnon M. Van-
Renan & moi nous quittâmes la voiture, &
prîmes une route différente, dans l'intention
de reconnoître le pays autant qu'il nous feroit
poſſible, & d'augmenter notre collection de
plantes. Sur les quatre heures de l'après-midi,
nous penſâmes qu'il étoit temps que nous
allaſſions réjoindre la voiture ; nous continuâmes notre route juſqu'à neuf heures à travers
un pays fauvage, & qui n'eſt habité que par
des animaux, ſans avoir rencontré l'objet de
nos recherches. Je me déterminai alors à gravir
fur la montagne dans l'eſpérance de découvrir
un feu fur quelques-unes des hauteurs ; ce qui
eſt le fignal ordinaire que font les voyageurs
en Afrique, quand ils fe font perdus ou féparés

de leurs compagnons. Nos fatigues cependant
furent encore fans aucun fuccès ; nous nous
déterminâmes à demeurer à l'endroit où nous
étions , jufqu'à la pointe du jour , auprès d'une
petite fontaine. Il s'en falloit du tout que notre
fituation fût fûre & agréable , nous trouvant
fans armes & dans l'impoffibilité d'allumer du
feu ; un grand nombre de hyennes firent en-
tendre des hurlemens affez près de nous , pendant toute la nuit , & dans la matinée nous
eûmes la certitude qu'un tigre s'étoit repofé
à dix pas de nous. Le thermomètre étoit defcendu à 39 degrés , & les montagnes étoient
couvertes de neige.

Le lendemain nous nous mîmes à la recherche
de nos gens , & nous les apperçûmes fur le
midi. Nous prîmes quelques heures de repos ,
& dans l'après-midi nous continuâmes notre
route , environ à fix milles à l'occident , où
nous pafsâmes toute la nuit ; nos bœufs &
nos cheveaux furent attachés à la voiture , &
des feux étoient allumés tout autour de nous.

Nous dirigeâmes enfuite notre route par un
pays dépouillé & aride , & dans la matinée
nous arrivâmes à une miférable cabane appartenante à un Européen , où nous pafsâmes la
nuit. Le jour fuivant nous continuâmes à traverfer ce que les Hollandois appellent Karo ,

Juillet
1778.

& qui eft une plaine très-étendue, entre-
mêlée de petites plantes fucculentes & fruitières.
Telle eft une grande partie de l'Afrique , &
particulièrement celles qui fe trouvent fituées
au nord du Cap. Nous fîmes route pendant
toute la journée fans trouver la plus petite
fource , & dans la foirée nous arrivâmes à une
maifon appelée le *Staart*, qui eft très-agréa-
blement fituée fur le bord d'une petite rivière.
Là nous nous amusâmes à chaffer des canards
fauvages , & une efpèce de poule de rofeau ,
que nous trouvâmes en grande abondance ;
elles étoient fi peu accoutumées à être pour-
fuivies , qu'elle fe laiffoient approcher fans
témoigner la moindre frayeur.

Le 19 nous nous mîmes en route le long
de la vallée Verkered , qui eft ainfi dénommée
d'une rivière qui la traverfe , & qui prend une
direction toute différente de celle des autres
rivières du pays.

Nous avancions alors vers le Coud-Bokke-
Veld ou le pays froid des Antelopes ; les montagnes étoient couvertes de neiges , qui pour
l'ordinaire reftent fur leur fommet jufqu'au mois
de novembre.

Le 20 nous arrivâmes à une maifon fituée
fur le côté nord-eft de Whitfon-Berg , ou la
montagne blanche ; & nous y pafsâmes toute

la nuit. Les habitans nous informèrent du danger
qu'il y auroit à traverser le grand Karo, non-
seulement parce que c'est un pays défert, mais
encore à caufe des Boshmens-Hottentots, qui
étoient en guerre avec les Hollandois, & qui fe
cachoient par-tout dans les environs, pour
tomber fur les Européens. Ils nous rapportèrent
des exemples des perfonnes qui avoient été
bleffées par leurs flèches empoifonnées, &
qu'il étoit bien rare que l'on pût en guérir.
Malgré ces excellens avis nous nous déterminâmes à traverfer le pays, en nous tenant fur
nos gardes autant qu'il feroit poffible. Le
21 nous dirigeâmes notre route au nord, &
dans la foirée nous prîmes gîte à côté d'un
petit courant d'eau appelé *Thon-River*, qui
prend fon nom d'une efpèce de minofa qui
croît fur fes bords.

Je fis une excurfion dans la matinée à
travers le pays en cherchant des plantes, &
dans l'après-midi je joignis notre bagage.
Dans la foirée nous trouvâmes de l'eau en un
lieu appelé *Parde-Berg*, ou montagne du
cheval, & nous y pafsâmes toute la nuit. Le
lendemain matin nous obfervâmes, à environ
un mille de nous, un feu que nous imagi-
nâmes avoir été allumé par une horde errante
d'Hottentots fauvages. Mon compagnon & moi

nous convînmes néanmoins d'aller les reconnoître, & nous apprîmes qu'ils etoient attachés
à un Hollandois qui vivoit auprès du Cap ;
ils gardoient un troupeau confidérable. Nous
les trouvâmes fi parfaitement au fait du pays,
que j'en pris un pour nous fervir de guide.
Nous continuâmes alors notre voyage à environ
20 milles , & fur le foir nous arrivâmes à la
rivière de Malheur , ainfi nommée à l'occafion
d'un homme qui , quelques années auparavant,
avoit été dévoré fur fes bords par un lion.

Le 24 notre route s'étendoit à travers un
pays fablonneux , ayant toutes les apparences
de la ftérilité. Les collines préfentoient des
couches horifontales d'une efpèce de pierre
douce , & prefque réduite en poudre. A midi
nous apprîmes par un payfan qui s'en alloit
au Cap , que fi nous ne continuions pas notre
voyage en toute diligence , nous ne pourrions
plus trouver d'eau dans les lieux où nous irions,
& qu'il étoit très-dangereux de voyager la
nuit , à caufe du grand nombre de lions qui
habitoient cette partie du pays ; après une
marche des plus fatigantes , nous arrivâmes
à une fontaine d'eau faumâtre , auprès de
laquelle nous pafsâmes toute la nuit.

Le jour fuivant nous continuâmes notre
route vers le nord , à travers un fol à peu

près auffi ftérile que celui que nous avions
traverfé le jour précédent. Par-tout où nous
paffions nous obfervions les traces récentes
des lions & des tigres, & de bonne heure, le
lendemain matin, M. Van-Renan, vit un
lion à cinquante pas de lui ; nous le pourfuivîmes vivement ; mais nous fûmes tout-à-
coup arrêtés par d'épais arbriffeaux épineux, ce
qui nous empêcha de pouffer plus avant.

Le 27 nous vifitâmes deux des fermiers qui
réfident dans le Karo pendant tout le temps
que les neiges couvrent les montagnes Rogge-
Veld. Cet ufage néanmoins n'eft pas général,
plufieurs d'entre eux reftent fur leur habitation,
expofés à toute l'inclémence de la faifon. La
caufe majeure de leur émigration des montagnes au Karo, provient du befoin de bois
à brûler, qui eft très-rare fur ces hauteurs.
Ceux d'entre eux qui y réfident, pour la plupart,
occupent leurs domeftiques, avant le commencement de l'hiver, à tranfporter du bois du
bas de la montagne, ce qui eft certainement
un travail très-pénible. Il s'en trouve quelques-
uns pour qui ces changemens d'habitation font
loin de paroître un embarras, & plufieurs
habitans de ce diftrict font fi fort dans l'habi-
tude de changer de demeure, que, plutôt que
de fe donner la peine de faire des provifions

pour la faifon d'hiver, ils fe tranfporteroient à plufieurs milles ; & par la raifon que cette partie du pays n'eft habitée que fort peu de temps dans l'année, on n'y trouve qu'un petit nombre de maifons. La plupart des habitans vivent dans des huttes femblables à celles des Hottentots ; quelques-uns font leur réfidence fous les tentes qui couvrent leurs chariots, & malgré tout ce que cette manière de vivre peut avoir pour nous de rude & d'infupportable, les fermiers paroiffent jouir de tout le bonheur auquel peut atteindre la nature humaine. Quand un étranger les vient vifiter, ils le reçoivent avec la plus grande hofpitalité, & tout ce qu'ils pofsèdent eft à fon fervice ; telle eft en général leur coutume dans toute l'étendue du pays. Nous continuâmes notre voyage à environ 10 milles pendant toute cette journée, & fur le foir nous nous arrêtâmes dans une pauvre cabane, au pied des montagnes. Les habitans pofsédoient un troupeau confidérable de bétail, & plus particulièrement de moutons ; mais dans cette faifon plufieurs ont péri d'une maladie qu'ils appellent *maladie brûlante* (burning ficknefs), dans laquelle ils perdirent prefque tout leur poil. En cet endroit il y a un chemin qui conduit jufque fur le fommet des montagnes; mais il n'y avoit alors aucune poffibilité de

s'en fervir ; c'eft pourquoi nous procédâmes
vers la partie orientale, toujours guidés par
les fermiers, où, ainfi qu'ils nous l'affurèrent,
nous devions trouver un paffage beaucoup
meilleur. A la nuit nous arrivâmes auprès d'un
petit courant d'eau, où nous nous arrêtâmes ;
j'y fis une addition à ma collection de plantes
de *geranium*, *ixiad*, *moræas*, *gladiolufes*, &c. ;
ainfi que d'une très-belle efpèce d'*euphorbe*.

Après avoir quitté cet endroit, nous dirigeâmes notre route au nord-quart-nord-oueft,
à travers un pays très-montagneux ; chemin
faifant nous vîmes plufieurs huttes, que nous
jugeâmes appartenir à des Hottentots ; mais
nous fûmes bien-tôt, par la defcription que
j'en ai déja faite, que c'étoit la réfidence des
fermiers Hollandois. Dans l'une de ces cabanes
étoit une femme Européenne, qui avoit été
bleffée au bras par une flèche empoifonnée ;
on prit beaucoup de peine pour la guérir, mais
vainement, car en différens temps de l'année,
il s'y formoit une inflammation qui étoit
fuivie de la mortification des chairs ; elle m'informa que fa bleffure ne fut pas longue à fe
cicatrifer ; mais que deux mois après elle s'étoit
r'ouverte, & que telle avoit été fa fituation
pendant plufieurs années. Dans la foirée nous
arrivâmes à un lieu appelé *Olive-Bush* (buiffon
d'olivier),

d'olivier), où nous demeurâmes. L'homme à qui cette habitation appartient, étoit le feul de toute une famille , qui échappa à un parti de Hottentots Boshmens. Ces Sauvages les avoient attaqués quelques années auparavant , & avoient donné la mort à la mère , au frère & à la fœur de cet homme.

Le 30, nous continuâmes notre route vers le nord , & dans la foirée nous arrivâmes à une ferme appelée *Rhinoceros-Bofch*, parce qu'elle étoit beaucoup fréquentée par ces animaux quelques années auparavant , quoiqu'il s'en s'en trouve maintenant fort peu dans le pays. Pendant la nuit nous eûmes beaucoup de vent & de pluie, & dans la matinée le thermomètre étoit defcendu à 40 degrés.

En continuant notre route au nord-quart-nord-oueft., nous avions le Rogge-Veld-Berg à droite , & chemin faifant nous rencontrâmes un habitant des montagnes , qui nous promit un attelage de bœufs pour remplacer les nôtres, & nous tranfporter jufqu'au fommet de la montagne qui étoit très-efcarpée. Dans la foirée nous nous repofâmes auprès de la rivière du Rhinocerod ; mais par la raifon que nous n'avions aucun abri contre la pluie & la grêle, & que nous ne pûmes jamais entretenir notre feu allumé , nous pafsâmes une nuit extrême-

F

ment défagréable ; & ce fut dans cette fituation que nous demeurâmes toute la journée du lendemain.

Le 2 août, le nouvel attelage, qui nous avoit été promis, arriva pour nous conduire au haut de la montagne ; mais ce fut avec une incroyable difficulté que nous pûmes parvenir à fon fommet, tant le fentier étoit roide & efcarpé. A huit heures du matin j'obfervai que le thermomètre étoit à 30 degrés ; le haut de la montagne étoit fi humide, que nos bœufs & nos chevaux en eurent fouvent jufqu'au ventre dans les terrains bas. Dans l'après-midi nous allâmes faire une vifite à la perfonne qui nous avoit fourni le fecours obligeant de fes bœufs ; nous y pafsâmes toute la nuit, & fûmes reçus avec la plus généreufe hofpitalité. Quoique le fol paroiffe être excellent ici, néanmoins il produit rarement une moiffon abondante ; cela ne provient pas feulement de la nielle qui fait un tort confidérable, mais des fortes grêles qui renverfent fouvent les blés & les coupent dans le temps même où ils commencent à mûrir. Les fauterelles font auffi un ennemi deftructeur de toute végé- tation, d'autant qu'elles n'épargnent rien de tout ce qu'elles rencontrent, pas même les arbres fruitiers. Le fol fur cette montagne eft une

argile rougeâtre , & contient en plusieurs
endroits une telle quantité de parties salines
qu'elles font faciles à distinguer au goût. Il est
nécessaire d'observer que vers la partie intérieure de ce pays , ou plutôt vers le centre de
cette péninsule , là contrée ne s'étend pas en
déclinant dans une direction nord-ouest , ou
tout au moins, que ce n'est pas en proportion
avec les immenses montagnes qui se présentent
progressivement à la vue. Par exemple , quoique
la hauteur des montagnes appelées *le Rohge-
Veld* , ne soit pas moindre de deux milles
pieds , à prendre du karo, la descente n'est
pas de plus de 1000 pieds, avant que l'on arrive
à la seconde , laquelle paroît absolument de la
même hauteur que la première. Dans les détails
de mon voyage dans ces campagnes , je
n'omettrai pas d'examiner plus amplement
cette circonstance.

De là nous continuâmes notre route au plus
près au nord-quart-nord-ouest, à travers un pays
très-montagneux. Dans la soirée du 3 nous arrivâmes dans une misérable cabane, & nous
apprîmes qu'elle appartenoit à un Européen
qui vivoit avec les Hottentots ; il se nommoit
Swertz. Il n'étoit pas au logis ; mais ne pouvant pas pousser plus avant faute d'eau, nous
y passâmes la nuit ; la seule chose que nous

pûmes nous procurer en cet endroit , fut du lait , pour lequel nous donnâmes un peu de tabac aux Hottentots. De grand matin , le lendemain , nous fîmes route à travers des campagnes ftériles qui s'étendent entre lé Rogge-Veld & le Hantum. A midi nous traversâmes la rivière des Rhinocerod , où nous vîmes plufieurs troupeaux de quachos ; & dans la foirée nous arrivâmes dans une maifon très-agréable , où nous fûmes parfaitement bien reçus. Cette maifon eft fituée fur les limites des terres des Boshmens , & elle eft fréquemment attaquée par cette tribu de Hottentots. Nous avions éprouvé fi fouvent , & avec tant de mal-aife , quelque temps auparavant , toutes les rigueurs de la faifon , augmentées par le befoin d'abri dans la plupart des lieux où nous avions paffé , que je me déterminai à me repofer pendant quelques jours , & à vifiter le Hantum & autres campagnes adjacentes. Il fe trouve une fort bonne maifon au-deffous, ou plutôt auprès du pied du Hantum-Berg, appartenante au père de mon compagnon de voyage. En conféquence je m'y rendis le lendemain , & laiffai repofer mes bœufs pendant que je faifois de courtes excurfions. Dans cette partie du pays il y a beaucoup de chofes qui méritent l'attention du voyageur. Les chevaux y font , tous

Août
1778.

les ans, attaqués d'une maladie dont il feroit
très-difficile de donner la raifon ; il eft feulement vrai que les plus grands foins, comme
de les nourrir avec du grain, & de les tenir
très-chaudement dans l'écurie, ne fuffifent pas
pour les préferver de cette maladie périodique ;
c'eft pourquoi ceux qui ont d'autres fermes à
peu de diftance, y envoient leurs chevaux
jufqu'à ce que cette faifon foit tout-à-fait paffée.
Les bêtes à corne font expofées à un danger
égal, à caufe de l'*amaryllis-difticha*, ou poifon
bulbeux, dont la campagne eft couverte ;
d'autant que ces animaux font avides de fes
feuilles, dont les effets leur ont été toujours
mortels. J'ajoutai beaucoup à ma collection, particulièrement des arbuftes alors en
fleurs fur le fommet de la montagne Hantum. Cette éminence eft très-élevée, & dans la
faifon où je la vifitai, elle étoit toute couverte
de neige gelée, & qui avoit fi fortement éprouvé
la rigueur des grands froids, qu'elle ne préfentoit qu'un morceau de glace très-étendu.
Je trouvai au thermomètre une différence de 30
degrés, du haut de ces montagnes au bas de
la vallée ; à l'ombre il defcendit de 26 degrés.

Nous continuâmes le 9 notre route vers le
Bokke-Land, qui eft à peu près à l'oueft-quart-
fud-oueft de Hantum, & en deux jours nous

arrivâmes à un lieu appelé la *Tom* ou la tour, qui
n'eſt pas autre choſe qu'une montagne de figure
pyramidale, où nous paſsâmes toute la nuit.

Le 11, nous avions paſſé la montagne des
Singes ; la route étoit ſi mauvaiſe, que ce fut
avec une extrême difficulté que nous pûmes
conſerver la voiture ſur ſes roues. Ici je recueillis
beaucoup de plantes d'une rare beauté, qui
m'étoient entièrement inconnues ; nous paſsâmes
cette nuit auprès d'une rivière ſalée, & le jour
ſuivant nous fûmes retenus juſqu'à midi, nos
bœufs s'étant égarés. Je viſitai un kraal Hottentot, qui étoit à environ un mille de diſtance ;
& comme je me propoſois de voyager dans la
terre de Nimiqua, je louai un des Hottentots,
qui parloit hollandois, en qualité d'interprête.
Dans l'après-midi nous continuâmes notre
voyage juſqu'à la rivière des Epines (Thorn-
River), où il y a une grande quantité de lions,
de manière que nous fûmes obligés d'avoir
recours aux précautions d'uſage, en attachant
nos bœufs, & en faiſant des feux à l'entour.

Le 12, nous montâmes ſur le Bokke-Veld-
Berg, qui eſt très-eſcarpé, mais peu élevé, &
nous fûmes à une ferme appartenante à M. Van-
Renan. Dans ce voyage, en quittant le Hantum, nous abrégeâmes notre route pour retourner au Cap, d'environ 50 milles,

Août
1778.

Le jour fuivant nous nous mîmes en marche, & dirigeâmes nos pas vers l'extrémité
feptentrionale de la montagne, qui eft parfaitement égale de ce côté, & prefque perpen-
diculaire à la hauteur de plus de 2000 pieds.
Le fol eft un fond de fable blanc, entremélé
de fragmens de pierres de taille ; cette partie
du pays produit fort peu de grain ; le pâturage eft eftimé très-favorable aux animaux,
mais dans les temps de féchereffe, les malheureux beftiaux y font tourmentés par la foif.
Les habitans de cet endroit fe conduifirent avec
la plus grande hofpitalité, & l'un d'eux, Jacob
Rike, m'accompagna à la Grande-Rivière.

Le 18, nous marchâmes auprès de notre
voiture, en defcendant la montagne, qui étoit
très-efcarpée & préfentoit un afpect effrayant.
Sur les dix heures du matin nous nous trouvâmes dans une campagne baffe & unie, couverte de plantes graffes, & offrant une grande
quantité de *geranium fpinofum.* Dans cette
journée nous tirâmes fur plufieurs animaux
de l'efpèce des antelopes, ayant des cornes
très-longües & poïntues, appelés *Gems-Bock* (1)

_____

(1) On le décrit avec des cornes droites &
minces, de près de trois pieds de longueur, & ayant
des anneaux jufqu'à la moitié de leur longueur; la

(chamois), & nous en tuâmes deux. Ces animaux se trouvent au Cap , & assez géné-

refte eft uni. L'efpace entre les pointes des cornes, eft de quatorze pouces. A leur bafe il y a une tache noire ; au milieu de la face on en voit une autre ; une troifième tombe de chaque œil à la gorge, & s'unit à celle de la face par une bande latérale de la même couleur. Le nez & le refte de la face eft blanc. De la partie de derrière la tête , le long du col & du dos , court une ligne étroite de poils noirâtres, plus longs que les autres, & fe tenant droits au deffus ; ils s'élargiffent vers la croupe. Les côtés font d'une légère couleur cendrée-rougeâtre ; la partie inférieure eft bordée par une large bande longitudinale, qui va regagner la poitrine. Le ventre, la croupe & les jambes font blancs ; chaque jambe eft marquée d'une tache noirâtre au deffous du genou. La queue eft couverte de longs poils noirs ; elle a deux pieds fix pouces de la croupe à la pointe des poils.

La longueur de la peau que j'ai examinée étoit de plus de fix pieds fix pouces.

Cet animal habite la Syrie , l'Arabie , la Perfe & l'Inde, l'Egypte, l'Ethiopie & le Cap de Bonne-Efpérance où on l'appelle *Gems-Bock* ou *Chamois ; Pennaut , vol. 2 , pag. 67.*

Je puis ajouter qu'il a des cornes finguliérement aiguës ; & quand il eft attaqué par les chiens, il s'affied comme le chien, & fe défend avec vigueur. *Paterfon.*

ralement leur chair eft une nourriture excellente.
Pendant la nuit nous nous reposâmes fous un
très-grand mimofa, & le lendemain matin
nous continuâmes notre route au nord. Sur
les neuf heures nous arrivâmes à la grande
rivière Thorn, auprès de laquelle nous pafsâmes
quelques heures, pendant la grande chaleur
du jour. Cette rivière, ainfi que je l'ai déja
obfervé, eft fréquentée par des lions & autres
animaux féroçes; mais, malgré le nombre &
la voracité de ces terribles animaux, il y a
peu d'exemples d'habitans qui en aient été les
victimes. Dans l'après-midi nous continuâmes
notre route à travers une campagne très-unie
ayant la terre des Boshmens, ou la montagne
longue, à notre main droite, & le Karo-Berg
à notre gauche. Chemin faifant nous vîmes
plufieurs élans, &c. Le pays préfente en
beaucoup d'endroits une mine de fer dont les
fragmens ont une forme cubique très-curieufe.
En fouillant un peu avant, je trouvai que la mine
fe changeoit en une efpèce de pierre de taille.
Dans la foirée nous fûmes en un lieu appelé *Lieur-
Coile* (la caverne du lion), & qui n'eft autre
chofe qu'un rocher très-grand & creux, où
nous trouvâmes de l'eau en fuffifante quantité
pour nous y rafraîchir, & y abreuver nos
animaux.

De très-bonne heure le lendemain je fis une excurfion pour chercher des plantes, pendant que mes deux compagnons, M. Van-Renan & Jacob Rike, dirigèrent leur courfe vers le nord, pour y chaffer. A midi je revins à la caverne du lion, d'où je continuai ma route vers le nord, ayant indiqué à mes domeftiques celle qu'ils avoient à prendre pour me fuivre avec le bagage. Après une marche d'environ huit milles, je trouvai mes amis à une petite fontaine, occupés à faire griller des fourmis, que nous mangeâmes; & certes, ce mets n'eft pas du tout mauvais. Ici je trouvai un nouvel yxia, avec une longue lance de fleurs cramoifie, je crois que c'eft bien la plus magnifique de toutes celles que j'ai encore rencontrées. Craignant beaucoup d'être inquiétés par les Boshmens, nous ne fîmes point de feu; mais pendant la nuit nous en diftinguâmes plufieurs à l'eft & au nord-eft, que nous fuppofâmes avoir été allumés par les Naturels.

Le jour fuivant nous nous mîmes en marche au nord-oueft, à travers un pays fablonneux. Sur le midi nous obfervâmes une habitation du côté de l'orient, & nous eûmes la fatiffaction d'apprendre qu'elle appartenoit à un Européen, qui y demeuroit pendant l'hiver. Nous avons nommé cet endroit *Pickled-Foun-*

Août 1778.

tain, à caufe de ce que l'eau en eft fi faumâtre, que nous ne pûmes en boire. Dans l'après-midi nous continuâmes notre route, jufqu'à une autre fontaine, appelée *Fontaine Saumâtre* (ou Brack-Fontain). L'eau en étoit extrême-ment falée, quoique beaucoup meilleure que la première. Pendant la nuit nous eûmes beaucoup de pluie, & le lendemain nous trou-vâmes de très-bonne eau dans le creux d'un rocher ; mais j'obfervai que l'eau, quand elle avoit féjourné quelques heures dans le rocher, s'imprégnoit des mêmes qualités que celle de la fontaine.

De cet endroit nous nous mîmes en marche à travers une campagne montueufe. La plupart des montagnes forment de très-grandes pyra-mides d'une pierre tendre de couleur rouge. Je ne trouvai ici que fort peu de plantes en fleurs, excepté de celles qui font graffes. Le 22 à midi nous arrivâmes à la rivière Harte-Beeft, qui eft falée, & nous nous y reposâmes environ deux heures. Dans l'après-midi nous procédâmes vers l'occident, & nous nous arrêtâmes dans une maifon où nous pafsâmes toute la nuit ; en tirant un peu vers l'oueft, cette rivière fe joint à une autre appelée *la rivière Thorn*. Le fol, dans cette partie du pays, eft un fond d'argile.

Le lendemain matin nous dirigeâmes notre route vers le feptentrion, & dans l'après-midi nous arrivâmes à la rivière *Black-Thorn*, laquelle prend fa fource au Camis-Berg; c'eft une des plus hautes montagnes de cette partie du pays, & cette fource fournit de l'eau à prefque tous les habitans de la petite Nimiqua, pendant l'été. Nous reftâmes toute la journée auprès de cette rivière, y ayant d'excellens pâturages & de bonne eau pour nos animaux.

Le jour fuivant nous continuâmes notre voyage au nord-oueft, & nous entrâmes dans la petite Nimiqua. Le pays eft très-montagneux; la plupart des collines font couvertes d'aloès-dichotoma. Dans l'après-midi nous arrivâmes au bas du Camis-Berg, où nous fîmes la rencontre d'un payfan qui avoit été à quelques milles au nord pour voir un de fes amis; il s'en alloit au Cap; il y avoit où nous étions d'excellente eau, nous nous déterminâmes à y paffer toute la nuit, & dans la matinée nous dirigeâmes notre courfe vers l'occident, nous eûmes à franchir plufieurs précipices très-dangereux. A midi nous nous repofâmes environ une heure, au bord d'un petit courant d'eau. Dans l'après-midi nous procédâmes dans la même direction; & dans la foirée nous arrivâmes à une maifon appartenant à un Hollandois, située sur les bords d'une jolie rivière, appelée la *Rivière Verte ;* nous y passâmes la nuit. Les Hottentots nous apportèrent du lait pour lequel nous leur donnâmes du tabac & du dracka, ou feuilles de chanvre, qu'ils préfèrent au tabac.

De grand matin le 27, nous fîmes une sortie vers le nord, & nous gravîmes sur une montagne à pic où je cueillis beaucoup de plantes magnifiques. Dans la soirée nous allâmes à un village Hottentot, composé de dix-neuf cabanes & d'environ cent cinquante habitans. La marque d'autorité, qui est portée par le chef, est une canne à pomme de cuivre, qui lui est donnée par la compagnie Hollandoise. Les Hottentots nous amusèrent une partie de la nuit par des danses ; nous les régalâmes de tabac & de dracka. Leurs instrumens de musique sont des flûtes faites d'écorces d'arbres, de différentes grandeurs ; les hommes se forment en cercle, en jouant de la flûte, & les femmes dansent autour d'eux, en frappant des mains & en faisant beaucoup de bruit. De cette manière ils continuèrent à danser toute la nuit, se relevant de deux heures en deux heures.

De cet endroit, le 28, nous dirigeâmes notre marche à l'occident, où après être parvenus au sommet d'une montagne très-escarpée, nous trouvâmes notre bagage très-endommagé. D'ici nous découvrîmes l'océañ atlantique, à environ trente milles à l'oueſt. A midi nous arrivâmes à une fontaine auprès de laquelle il y avoit pluſieurs cabanes de Hottentots; elle eſt appelée *Eye-Fontain* (la fontaine de l'œil) par les Naturels , à l'occaſion de ce que l'un d'eux ayant eu une forte querelle avec un autre , en reçut un coup qui lui fit ſortir l'œil hors de la tête. Le ſol eſt une argile entremélée de groſſes pierres rondes. J'ajoutai à ma collection une grande variété de plantes. Dans la ſoirée nous arrivâmes auprès d'un petit courant d'eau , où nous nous repoſâmes.

Le jour ſuivant nous continuâmes notre voyage au nord-quart-nord-oueſt , à travers un pays montagneux , & vers le ſoir nous arrivâmes à une petite fontaine d'eau ſaumâtre qui ſe trouvoit ſous un rocher aride de figure conique de plus de 500 pieds de hauteur. Nous y attendîmes le jour , & nous continuâmes notre marche par le nord-quart-nord-eſt , après avoir paſſé une rivière appelée la *Coxſie* ou *rivière de Sable* : nous fîmes la rencontre d'un Européen qui élevoit du bétail , & qui vivoit ici pendant l'hiver. Cet homme n'avoit point de maiſon ou cabane , mais ſe logeoit à l'abri d'un grand aloès-dichotoma ; cet arbre eſt très-commun dans ces contrées. J'en ai meſuré

plusieurs qui avoient douze pieds de circonférence, & plus de vingt pieds de hauteur, &
j'en ai vu quelques-uns dont les branches par
leur étendue présentoient un abri en forme de
couronne de quatre cents pieds ou environ ; cet
arbre est appelé par les Hollandois *koker-
boem*; ou l'arbre des carquois, & il prend son
nom de l'usage auquel les Naturels s'en servent
ordinairement.

Dans l'après-midi nous continuâmes notre
voyage au septentrion, & vers le soir nous
arrivâmes à la maison de M. Jean Vander-
Hiver, située au bord de la rivière Copper-
Berg ; nous y demeurâmes pendant quelques
jours, & y fûmes reçus de la manière la plus
affable. J'y fis plusieurs excursions dans la
campagne, & j'y amassai beaucoup de plantes,
parmi lesquelles étoit le *geranium spinosum* à fleurs
jaunes. Le sol dans ces environs est un fond
de sable rouge.

Je me procurai ici de nouveaux bœufs de
trait, la plus grande partie des miens étant
hors de service. Nous nous mîmes alors en
marche vers le nord, par un pays rude &
escarpé, & nous vîmes plusieurs des Naturels
assez loin de nous. Dans cette route nous
passâmes la montagne de Cuivre, qui fut découverte en 1684, par le gouverneur Vander-

Stell, & nous obſervâmes qu'il y avoit une
extrême diſette d'eau & de bois. Il y a, à une
petite diſtance, une fontaine ſaumâtre, qui eſt
ſouvent déſſéchée pendant l'été. Dans la ſoirée
nous arrivâmes à une petite fontaine, où
nous eûmes à peine de l'eau ſuffiſamment pour
nous & nos animaux. Nous nous réſolûmes d'y
paſſer la nuit, lorſque nous eûmes appris que nous
étions éloignés de trente milles de la fontaine
la plus prochaine. Nous dirigeâmes enſuite
notre route au nord. Sur les dix heures du
matin nous vîmes pluſieurs Naturels qui s'approchoient de nous, armés d'arcs & de flèches;
nous ſuppoſâmes que c'étoient des Hottentots
errans, & en conſéquence nous nous préparâmes à les bien recevoir, en chargeant
nos fuſils à balles; ils ne tardèrent pas à nous
rejoindre, & me demandèrent du tabac que
je leur donnai volontiers. L'un d'entre eux,
qui parloit hollandois, me dit qu'ils n'avoient
pas de bétail, & qu'ils vivoient de racines &
de gommes; que dans l'occaſion ils ſe régalent
en mangeant des gazelles qu'ils tuent à coups
de flèches empoiſonnées. Preſqu'auſſitôt l'un
des habitans de la terre de Nimiqua accourut
auprès de nous, & me ſupplia de ſouffrir qu'il
nous accompagnât à la Grande-Rivière. Sa
nation étant en guerre avec les Hottentots
errans,

errans , il étoit très-effrayé par la raison que ceux-ci dérobent les bestiaux qui paissent dans Nimiqua , & trop souvent en tuent les habitans. Dans la soirée nous allâmes à une petite fontaine ; nous y passâmes la nuit , après avoir marché l'espace d'environ trente milles sans trouver une goutte d'eau.

Le lendemain matin nous nous mîmes en marche au nord-quart-nord-est , à travers une plaine sablonneuse ; & vers le coucher du soleil nous arrivâmes à une fontaine d'eau salée , où nous passâmes toute la nuit. De grand matin , le jour suivant , nous fîmes une excursion vers une haute montagne à l'orient , où je trouvai beaucoup de plantes qui m'étoient tout-à-fait inconnues , telles que plusieurs es-pèces d'euphorbes , d'hermannias & de stape-lias. Je ramassai beaucoup de graines & autant d'échantillons qu'il me fut possible. Du sommet de cette montagne j'avois une vue très-étendue de toute la campagne , au nord & à l'est. A midi je rejoignis le bagage.

Dans l'après-midi nous dirigeâmes nos pas à travers une pleine si sablonneuse que nous eûmes une extrême difficulté à la passer , le sable étant si léger & si profond , que nos bes-tiaux y enfonçoient jusqu'aux genoux. Vers le soir , M. Van-Renan & moi nous quittâmes

G

la voiture, & nous prîmes au nord pour y découvrir de l'eau, bien réfolus de ne revenir que lorfque nous en aurions trouvé. A la nuit nous arrivâmes à la Grande-Rivière, où nous convînmes d'attendre l'arrivée de notre bagage, nos chevaux étant très-fatigués. Nous trouvâmes dans ce lieu une efpèce de hangard, bâti par un Européen, qui avoit vécu quelques temps fur ces bords, qui abondent en excellens pâturages pour les beftiaux. Il y avoit bientôt un jour entier que nous n'avions pris de nourriture ; de forte que nous nous trouvâmes fort heureux de trouver un morceau, quoique peu délicat, de la chair de l'hippopotame, forte de mets dont les Africains font le plus grand cas. Mon compagnon en mangea de fort grand appétit ; quant à moi, une très-petite quantité me raffafia. Après ce régal nous défirions nous repofer ; mais quoique nous fuffions extrêmement fatigués, nous ne pûmes dormir à caufe des cris des hippopotames, qui font tout-à-fait effrayans. Le lendemain matin, notre voiture n'étant pas encore arrivée, nous fellâmes nos chevaux & nous retournâmes fur nos pas, dans la crainte que ce retard n'ait été caufé par quelque accident. A notre retour nous apprîmes que nos conducteurs s'étoient égarés, & qu'ils étoient allés plus à

l'eft. Nous découvrîmes leurs traces & les
fuivîmes jufques au lieu où ils s'étoient arrêtés
au bord de la rivière. Lorfque nous arrivâmes,
tous nos Hottentots étoient occupés à la chaffe
de l'hippopotame ; ils manquoient de provifions dans la voiture, & avoient chaffé toute
la journée fans rien tuer.

L'un d'eux ayant été bleffé par l'animal,
le courant étoit fi rapide qu'il le jeta fur la
rive oppofée. Nous vîmes un grand nombre
de Naturels, auxquels nous fîmes des fignes
répétés ; mais ils ne parurent pas nous com-
prendre.

Le 7, nous retournâmes fur nos pas, n'ayant
eu rien à manger pendant les deux jours pré-
cédens, excepté quelques concombres fauvages,
qui croiffent ici en abondance. Avant de
quitter cet endroit, je priai M. Van-Renan
de m'accompagner jufqu'au haut d'une montagne très-élevée, qui fe trouvoit à environ
une lieue à l'orient du lieu où nous étions, à
quoi il voulut bien confentir. Lorfque nous
fûmes arrivés au fommet, nous aperçûmes
un troupeau confidérable de bétail, à près de
fix milles à l'eft, ce qui nous détermina à retourner en hâte à notre bagage, pour annoncer
à nos Hottentots une nouvelle auffi fatisfaifante,
& l'un d'eux fut dépêché pour nous aller cher-

Septembre
1778.

cher un mouton ou un jeune taureau, à quelque
prix que ce fût. Notre meſſager revint le ſoir
même avec trois moutons, & les Hottentots à
qui ils appartenoient demeurèrent avec nous
toute la nuit. La rivière en cet endroit prend
ſon cours à l'oueſt, & je trouvai que c'étoit
la même que le capitaine Gordon avoit vue un
an auparavant, & qu'il avoit nommée *la rivière
d'Orange*, en l'honneur du prince d'Orange.
Des deux côtés de la rivière il y a de très-
grands arbres, particuliers à ce pays, tels que
des minoſos de différentes eſpèces, des ſaulés,
& une grande variété de petits arbuſtes. Les
montagnes, à les conſidérer du premier coup-
d'œil, ont une apparence de ſtérilité, n'étant
en général que des rochers arides ; quoique
dans quelques endroits elles ſont ornées d'un
grand nombre de plantes ſucculentes, & particulièrement l'euphorbe, qui croît à la hauteur
de quinze pieds, & fournit aux Hottentots un
ſuc avec lequel ils empoiſonnent leurs flèches.
La méthode dont ils ſe ſervent pour faire
cette mixtion dangereuſe, conſiſte à prendre
le jus qu'ils ont extrait de l'euphorbe, & une
eſpèce de chenille particulière à une autre
plante qui a beaucoup de reſſemblance avec
une eſpèce de rhus, quoique je ne puſſe en
trouver aucune en fleur ; ils font un mélange de

Septembre
1778.

ces deux liqueurs, & après les avoir fait fécher, ils imprègnent la pointe de leurs flèches de cette compofition, laquelle paffe pour le poifon le plus fubtil de tout le pays. L'euphorbe pris à part, leur fert auffi de poifon, en jetant fes branches dans les fontaines où les animaux féroces vont s'abreuver : quand ils ont bu de l'eau ainfi empoifonnée, ils font à peine à mille pas de la fource, qu'ils tombent en expirant. Cet ufage d'empoifonner les eaux ajoute encore aux dangers que rencontrent les voyageurs qui n'en auroient pas été inftruits, quoique les Naturels prennent ordinairement la précaution de faire une petite tranchée pour contenir l'eau qu'ils veulent empoifonner, de forte que le refte de la fource eft confervé pour leur ufage.

Nous dirigeâmes enfuite notre marche à l'eft le long des bords de la rivière, & j'ajoutai beaucoup à ma collection. Dans notre route nous vîmes plufieurs oifeaux de la plus grande beauté, & nombre de finges & d'éléphans fauvages.

Le jour fuivant je propofai de traverfer la rivière avec plufieurs Hottentots qui étoient bons nageurs. Nous inventâmes un petit radeau, qui confiftoit en une efpèce de bois fec, fur lequel nous plaçâmes nos fufils & nos habits; après avoir nagé une demi-heure, nous arri-

vâmes fur la rive oppofée, où nous bleffâmes
un hippopotame. A midi je fis une excurfion
fur les montagnes, qui étoient fi dépouillées
& fi arides, qu'à grand'peine y pouvoit-on
trouver une plante. Quelques-unes de ces montagnes préfentent une efpèce de quartz, d'autres
du fer, & plufieurs couches de mine de cuivre.
Le long des bords de la rivière je trouvai
beaucoup d'agates. Dans la foirée nous retournâmes à la voiture, extrêmement fatigués; le
vent étant à l'eft, nous avoit entraînés à plus
de mille pas en defcendant la rivière. M'étant
fixé dans cet endroit pendant plufieurs jours,
je parcourus tout le pays pour en connoître
les plantes, & je tuai plufieurs oifeaux magnifiques qui m'étoient tout-à-fait inconnus.

Le 15, pendant que nous étions dans cet
endroit, mon compagnon M. Van-Renan
courut le plus grand rifque de fa vie, en traverfant la rivière, de compagnie avec quatre
Hottentots; ils furent attaqués par deux hippopotames. Ils eurent le bonheur infini de pouvoir arriver fur un rocher qui s'élevoit au milieu
de la rivière; & leur fufils étant chargés, ils
tuèrent un de ces animaux, l'autre nagea fur
la rive oppofée. L'intention de M. Van-Renan
étoit d'aller vers la partie feptentrionale; ils
avoient appris qu'il y avoit de ce côté des

caméléopards , pendant que j'étois errant à la
partie orientale , occupé à chercher des plantes
dans une plaine immenfe. J'y trouvai plufieurs
efpèces de granina , & particulièrement celle
que les Hollandois appellent *herbe des Boshmens*,
à caufe de ce que ces peuples fe nourriffent de
fa graine. En différens temps de l'année , une
efpèce de fauterelles vient dans cette plaine en fi
grande abondance , qu'elles y détruifent prefque
toutes les plantes. Les Boshmens regardent ces
infectes comme une excellente nourriture. Ils
les font fécher & en font des provifions pour
y avoir recours dans les temps de difette. Cette
partie du pays produit beaucoup de reptiles
venimeux. Les quadrupèdes que l'on y trouve
font, l'éléphant, le rhinocéros, le caméléopard,
le zèbre, l'élan, le kœdoès, le lion, le tigre ,
l'hyenne & le jackal.

M. Van-Renan revint le 19; il avoit tué
un caméléopard dans la foirée, à une diftance
très-éloignée de la rivière ; il s'y rendit tout
auffitôt, dans l'intention d'envoyer le lendemain un Hottentot pour dépouiller l'animal.
Comme ils en approchoient, ils furent furpris
par un lion qui s'élança à environ cinquante
pas de la place où le caméléopard étoit étendu,
& à leur arrivée ils trouvèrent qu'il l'avoit fi
fort défiguré , qu'il fut impoffible d'en rien

Septembre
1778.

conferver, excepté la partie de la peau du col
qui remonte jufqu'à la racine des cornes, &
celle de derrière. Après avoir obfervé tout ceci,
je formai le deffein de repaffer la rivière avec
quelques Hottentots, & de me contenter d'emporter le fquelette de cet animal, qu'ils avoient
abandonné. Mais alors la rivière commençoit à
groffir, & les Hottentots refusèrent de m'accompagner, en difant qu'ils courroient le danger
d'être retenus pendant plufieurs mois fur la rive
oppofée, d'autant que nous nous trouvions
dans la faifon pluvieufe. A l'orient de l'endroit
où nous nous étions arrêtés, nous voyions
beaucoup de nuages, & nous entendîmes
plufieurs coups de tonnerre. Le climat diffère
à beaucoup d'égards de celui de la terre de
Nimiqua. Pendant notre féjour ici le thermomètre monta de 95 degrés à 110 degrés à
l'ombre.

Le 23, nous pafsâmes toute la journée à
chaffer les hippopotames, nous fûmes affez
heureux pour en tuer un; nous vîmes auffi la
manière dont les Naturels prennent ces animaux.
Ils creufent de grands trous dans la terre au
bords des rivières, d'environ dix pieds de
diamètre, & quelquefois de dix pieds de pro-
fondeur; au fond de ces efpèces de tranchées,
ils placent des pièces de bois dont les extrémités

font pointues, & enfuite ils recouvrent le tout de branchages & de gazon. Lorfque l'hippopotame fort de la rivière, vers la nuit, pour aller paître, il tombe fouvent dans ces piéges, & affez ordinairement s'y bleffe fi grièvement qu'il en meurt.

La faifon étoit beaucoup trop avancée pour que nous puffions pouffer plus avant au nord, & comme il n'y avoit pas d'autre fentier que celui par lequel nous étions venus, nous nous en retournâmes par le même chemin. Dans notre voyage nous fîmes la rencontre de deux payfans de la terre de Nimiqua, qui étoient envoyés vers les Boshmens, pour leur redemander des beftiaux qu'ils leur avoient enlevés.

Le 24, nous marchâmes à l'oueft, & fur le foir nous arrivâmes à une petite fontaine appelée *la fontaine des Zèbres*. Il n'y avoit que très-peu d'eau, néaumoins nous fûmes obligés d'y paffer toute la nuit, ayant encore une plaine immenfe à traverfer & fachant que nous ne pourrions pas trouver de l'eau dans un efpace de plus de 50 milles.

Le 25, au coucher du foleil, nous quittâmes cette petite fontaine & dirigeâmes notre route au fud, dans l'intention de voyager à travers le défert aride; mais lorfque nous eûmes fait environ huit milles, plufieurs de nos animaux

Septembre
1778.

commencèrent à s'abattre fous le joug , ce qui nous obligea de nous repofer tout le refte de la nuit , quoique nous n'euffions pas d'eau. Au point du jour nous perdîmes de vue nos animaux, & nous dépêchâmes un Hottentot à leur recherche ; il ne revint qu'à minuit. Ce jour fut pour nous très-défagréable , ayant éprouvé toute l'ardeur du foleil brûlant fans pouvoir prendre le moindre rafraîchiffement.

Le jour fuivant nous convînmes qu'il feroit plus avantageux de retourner à la rivière pour y prendre de l'eau , & de laiffer le bagage où nous étions ; M. Van-Renan étant malade , demeura pour en prendre foin , d'autant qu'il étoit néceffaire de fe tenir fur la défenfive contre un nombre de Hottentots errans qui infeftoient cette partie du pays ; alors nous marchâmes du côté de la rivière , ayant avec nous un baril vide & un bidon qui étoient dans la voiture. Nous étions éloignés de la rivière de huit milles , & nous vîmes les reftes de deux hippopotames que nous avions tués quelques jours auparavant , & qui avoient été jetés fur fes bords. Après nous être rafraîchis , nous fîmes emplir le baril & le bidon , laiffant à nos Hottentots le foin de ramener les animaux à la voiture. La chaleur du foleil , & la fatigue que nous avions éprouvée en traverfant ces plaines

Septembre.
1778.

de fable, nous obligea de confommer l'eau
en grande partie avant d'avoir rejoint la voiture.
Il étoit fix heures du foir lorfque nous arrivâmes.
Auffitôt que nos animaux nous eurent rejoints,
nous fîmes une nouvelle tentavive pour pouffer
plus avant ; mais après avoir fait dix milles,
nos animaux parurent dans le même état d'affoi-
bliffement que la veille. En conféquence M. Van-
Renan & Jacobus Rike fe déterminèrent à aller à
la maifon de Vander-Hever, qui étoit à environ
50 milles au fud de cette plaine. Ils fellèrent
leurs chevaux de très-grand matin le 28, &
& nous laifsèrent dans la dure fituation où nous
étions, fans feu & fans eau. J'envoyai un
Hottentot à un rocher éloigné de près de dix
milles au fud-eft, où il y avoit une petite fource.
Dans l'après-midi, nous trouvant fatigués de notre
pofition, nous nous réfolûmes à faire un troifième
effort, & fi nous trouvions impoffible d'aller
plus loin, de laiffer la voiture & de retourner
à la rivière d'Orange, car nous étions prefque
épuifés par le befoin d'eau. Par un bonheur
infini nos animaux fe trouvèrent beaucoup mieux
que nous l'avions efpéré, & nous fortirent enfin
de ce défert fablonneux, dans lequel nous vîmes
à peine autre chofe que des fouris & des ferpens,
dont il y a un grand nombre. Vers le foir nous
rencontrâmes le Hottentot que nous avions

envoyé chercher de l'eau ; il en apporta une quantité suffisante pour nous défaltérer tous & abreuver nos animaux, ce qui les ranima beaucoup. Dans la nuit nous arrivâmes à la fontaine Salée, qui se trouva presque à sec ; étant très-fatigués, nous héfitâmes à quitter cet endroit. Le lendemain j'occupai les Hottentots à creufer un peu la fontaine, ce qui nous procura de l'eau en abondance pour nous & pour nos animaux.

Dans l'après-midi je visitai les montagnes, & j'y ramaffai plusieurs graines & des échantillons de plantes qui étoient échappés à mon examen lors de mon premier voyage dans cette partie du pays.

Après avoir quitté cet endroit, nous continuâmes notre voyage vers Copper-Berg, dans l'efpérance d'y rencontrer les nouveaux attelages de bœufs de M. Vander-Hever. Sur les dix heures du foir nous aperçûmes un feu à une certaine diftance ; y étant allés, nous eûmes le plaifir de trouver qu'il avoit été allumé par un Hottentot qui venoit à notre fecours avec douze jeunes taureaux qui lui avoient été confiés. Nous continuâmes à marcher jufqu'à trois heures du matin, que nous arrivâmes à la petite fontaine de Copper-Berg, où nous nous arrêtâmes.

Auffitôt que le jour fut venu, nous reprîmes notre route, & fur les neuf heures je quittai la voiture & dirigeai mes pas à travers la partie montagneufe du pays pour y chercher des plantes. Je vifitai auffi les mines de cuivre, & je pris avec moi plufieurs échantillons de cette mine, qui eft très-riche. Dans la foirée nous arrivâmes à la maifon de Vander-Hever, & environ deux heures après ma voiture arriva. Nous demeurâmes ici plufieurs jours, & nous y fûmes traités de la manière la plus obligeante. Pendant notre féjour ici, je fis plufieurs excurfions dans les campagnes adja-centes, & j'augmentai les richeffes de ma collection. La faifon des pluies étant déja prefque paffée, la majeure partie des habitans revinrent dans leurs maifons de campagne au Comis-Berg. Cette montagne, ainfi que je l'ai déja obfervé, fournit de l'eau à toute la campagne des environs, par le moyen des faignées qui la traverfent en divers endroits. La rivière Couffie coule du côté du nord, & la rivère Verte s'étend au fud & au fud-oueft. Plufieurs autres rivières prennent également leur fource de la montagne du Camis-Berg; mais elles ne font que d'un très-petit fecours à la terre de Nimiqua.

Ayant eu un nouvel attelage de bœufs frais nous fîmes route au fud toute la journée du 4 octobre,

& à la nuit nous arrivâmes à la rivière de Sable ; dont nous trouvâmes l'eau saumâtre ; nous nous y reposâmes jusqu'au lendemain matin , & continuâmes notre voyage l'espace d'environ 14 milles , jusqu'à un lieu où nous trouvâmes d'excellente eau. Il n'y avoit qu'une petite quantité de plantes , excepté des *geranium*.

Nous fûmes à un endroit appelé *Caspers Kloaf*, où nous passâmes toute la nuit. Le 7 je fis une excursion sur le Camis-Berg , & j'y cueillis plusieurs espèces de *morxœa* & d'*ixias*. Je trouvai aussi beaucoup de plantes en fleurs , tels que des *oxalias* & *crinums* qui étoient également en fleurs pendant le mois de mai , au Cap.

Le matin du jour suivant nous arrivâmes au Bokke-Veld , & chemin faisant nous passâmes devant plusieurs kraals. Ces habitans ont en propre des troupeaux de bétail assez considérables , & font leur résidence en été sur le Camis-Berg. A la fontaine de l'Œil nous recontrâmes un paysan qui avoit été au Cap , & qui s'en retournoit à la rivière d'Orange.

Le 10, nous fûmes jusqu'à la rivière Verte, où nous nous arrêtâmes pendant la chaleur du jour , & dans l'après-midi nous fîmes environ quatre milles au sud-est. Le lendemain nous apprîmes qu'il y avoit un sentier beaucoup plus praticable

que celui que nous avions déja traverfé , & que
nous prîmes auffitôt. Nous marchâmes toute
la journée , & fur le foir nous arrivâmes auprès
d'un courant d'eau , où nous reftâmes en
attendant le jour. Nous avons penfé que ce
courant pourroit être Thorn-River.

Le matin du jour fuivant je gagnai le fommet
d'une haute montagne au midi , d'où je me
procurai une vue très-étendue de toute la
campagne fituée à l'eft , & ce qui ajoutoit
encore à ce plaifir , j'eus la certitude que nous
tenions le bon chemin. Après avoir marché
environ 15 milles, nous entrâmes dans la maifon
d'un Hollandois où je pris des provifions pour
toute une femaine , confidérant que nous avions
une grande étendue de pays à parcourir avant
que d'arriver au Bokke-Veld ; ce lieu eft appelé
les deux Fontaines, & il eft fitué au fud-eft du
Camis-Berg.

En quittant ce lieu nous portâmes nos pas
vers Thorn-River, où nous nous reposâmes
pendant la chaleur du jour. Dans l'après-midi
nous continuâmes notre route vers la rivière
Harte-Beeft , où nous pafsâmes toute la nuit.

Le 14, nous trouvâmes la fontaine Salée
prefque à fec, & l'eau en étoit fi amère , que
nos animaux refusèrent de s'y abreuver ; nous
y pafsâmes cependant la nuit , & de très-bonne

heure le lendemain nous fîmes route vers la Caverne du lion, où nous nous flattions de trouver de l'eau ; nous fûmes trompés dans nos espérances, & nous n'y en trouvâmes pas une seule goutte ; néamoins nous dételâmes nos bœufs de trait & nous prîmes deux heures de repos. L'après-midi nous allâmes droit à la fontaine Puante, (Stink Fountain) qui étoit éloignée d'environ 30 milles. Dans la nuit nous nous égarâmes, & nous fûmes obligés de dormir au milieu de ce désert affreux. Le lendemain matin nous découvrîmes le Bokke-Land-Bergen au sud-est, à environ 20 milles de l'endroit où nous étions. M. Van-Renan & moi nous quittâmes la voiture de très-bonne heure, & nous portâmes nos pas vers le Bokke-Land, d'où nous envoyâmes des bœufs pour relayer les nôtres, qui étoient si fatigués qu'ils pouvoient à peine se tenir debout, par une suite des blessures qu'ils s'étoient faites aux sabots en marchant sur des pierres aiguës.

Le 17, nous fîmes remiser notre voiture dans la maison de Madame Ryck. Mon intention étoit de traverser le pays de ce lieu pour aller visiter la nation des *Caffres*, qui est à environ 900 milles au sud-est ; mais ayant observé que mes animaux & ma voiture étoient en trop mauvais état pour pouvoir résister à la fatigue

d'un

d'un voyage auſſi long, je changeai mon plan
& je formai le deſſein de faire une excurſion
au pays de Hantum, & dans une partie de la
terre des Boshmens. Dans cette journée nous
eûmes pluſieurs grands éclats de tonnerre &
une groſſe pluie. Le temps étant toujours
variable, nous obligea de ſéjourner ici pendant
pluſieurs jours, & je les employai à cueillir
beaucoup de diverſes plantes.

Octobre
1778.

Quand nous eûmes quittés Bokke-Land, nous
dirigeâmes notre courſe à l'orient, & nous
arrivâmes le 23 à la maiſon de Chriſtian Bock-
chère, où je paſſai la nuit.

Le jour ſuivant nous eûmes un temps orageux
& de la pluie mélée de neige, & ſur le ſoir il
tomba de la grêle & de la neige. A huit heures
du ſoir le thermomètre étoit à 44 degrés. Dans
la matinée du lendemain un froid extrême fit
périr preſque tous les blés, qui étoient alors
à environ un pied de terre. Ces fortes gelées
ſont aſſez fréquentes dans cette partie du pays.

Le 27, je fis une excurſion au nord, dans un
lieu appelé la *terre des Boshmens*, parce qu'elle
eſt habitée par les Hottentots errans, qui ſont
tout-à-fait différens des autres, habitans
paiſibles & hoſpitaliers de cette contrée.
Ceux-ci ſont abſolument féroces, cruels &
ſans mœurs.

H

Dans cette excurſion j'entrai dans une maiſon appartenante à un Hollandois, qui y demeuroit depuis pluſieurs années. Quelques ſemaines avant notre arrivée, il avoit été attaqué par les Boshmens, qui tuèrent quatre de ſes Hottentots & en bleſsèrent un cinquième. Ces maraudeurs emmenèrent pluſieurs pièces de bétail, qu'il ne put jamais recouvrer.

Le 29, ayant quitté le Hantum, nous retournâmes au Bokke-Land-Bergen, dans l'intention de nous en retourner au *Cap*, en ſuivant les bords de l'Océan atlantique.

Etant arrivés le 31 au Bokke-Land, nous fûmes contraints d'y reſter pendant pluſieurs jours à cauſe du mauvais temps, qui étoit pluvieux & changeant. Je trouvai ici pluſieurs plantes curieuſes, parmi leſquelles j'en diſtinguai une appelée le *pied d'éléphant* (1). Je ne pus en trouver une ſeule en fleurs ; mais dans mon paſſage en Europe, je fus aſſez heureux pour me procurer une de ces plantes ; elle fleurit dans le mois d'avril. L'ayant examinée, je trouvai que cette plante étoit de la claſſe *diſecia hexandria*. Elle eſt bulbeuſe & parvient à la hauteur de cinq à ſix pieds ; enſuite elle pouſſe de petites branches aſſez ſemblables aux mains de la

(1) Smilax.

vigne, avec des feuilles en forme de cœur. Les Naturels en mangent la racine, qu'ils estiment comme très-bonne pour la santé.

Nous quittâmes cet endroit le 6 novembre, accompagnés des deux fils de Madame Rych & du gérant de la ferme de M. Van-Renan, qui chassoit dans cette partie du pays ; je pris part à ce divertissement, & je quittai la voiture pour aller à un lieu appelé la *Danse du lion*, où nous nous proposions de passer toute la nuit.

Le 7, de très-bonne heure, nous nous séparâmes de nos hôtes & dirigeâmes notre course au sud-ouest, ayant le Bokke-Land-Begen à notre gauche, & l'océan atlantique à notre droite à la distance d'environ 30 milles. Nous marchâmes toute la journée & jusqu'à minuit où nous rencontrâmes une fontaine d'eau saumâtre. Nous passâmes auprès de cette fontaine le reste de la nuit.

Le lendemain mon compagnon & moi nous quittâmes le bagage & dirigeâmes notre course à l'ouest-nord-ouest. Dans l'après-midi nous arrivâmes à la rivière des Eléphans, & nous la trouvâmes si profonde, que nos chevaux nagèrent pendant un espace d'environ 30 pieds. Nous eûmes bientôt gagné le bord opposé, où, à une petite distance, étoit la maison d'un

Hollandois , qui avoit vécu plufieurs années fur
les bords de cette rivière , & gardé un petit
bateau pour le tranfport des bagages au cas
de befoin. Nous nous y repofâmes en attendant
nos gens , & nous y fîmes fécher nos habits.

Nous pafsâmes le jour fuivant à tranfporter
nos bagages fur la rivière , dont les bords
font ombragés d'arbres de l'efpèce du *mimofa*
& du *tarchonantus camphoratus*. Le pays des
environs eft prefque entièrement dépouillé, mais
il produit une grande variété de plantes fuccu-
lentes.

Notre hôte nous fournit un nouvel attelage
de bœufs qui nous fut d'une grande utilité
pour paffer une plaine de fable , & il nous
fit accompagner par un payfan de la terre de
Nimiqua , qui marchoit vers le Cap. Nous
continuâmes notre route à environ 20 milles
au fud , & à la nuit nous arrivâmes près d'une
grande anfe appelée le *Hecr Lodfiement* (1), où
nous pafsâmes la journée. L'après-midi nous
nous remîmes en route & nous traversâmes
une plaine de fable blanc , où fe trouvoit une
grande variété de plantes telles que l'*afphalathus*,
le *leucadendron*, & plufieurs autres qui m'étoient
inconnues. Nous marchâmes jufqu'à minuit ,

---

(1) Logement des gentilshommes.

& ayant trouvé un peu d'eau , nous paſsâmes la nuit auprès. Le lendemain nous nous rendîmes à une ferme appelée la *Vallée longue* , qui eſt diſtante d'environ 60 milles de la Vallée des Eléphans. Nous y paſsâmes la nuit & nous y fûmes , comme à l'ordinaire , parfaitement bien traités.

De cet endroit nous dirigeâmes notre courſe à l'eſt-quart-ſud-eſt , le long de la vallée. La nuit il ſortit d'un buiſſon un animal que nous ne pûmes reconnoître & qui effraya fortement nos bœufs , que nous ne parvînmes à tranquilliſer qu'avec beaucoup de peine. Nous jugeâmes cependant que c'étoit un hyenne , ayant entendu peu d'inſtans après , à une petite diſtance , les hurlemens de quelques-uns de ces animaux.

Le 14 , nous arrivâmes à Berg-Valley , où nous paſsâmes toute la nuit chez M. Joſias Engel-Bright.

J'envoyai, le 15, mon bagage vers le Piquet-Berg , tandis que mon compagnon de voyage & moi nous reſtâmes encore toute la journée chez Engel-Bright. Je m'amuſai à tirer pluſieurs ſortes d'oiſeaux , dont il ſe trouve en cet endroit des quantités innombrables.

Le lendemain nous nous remîmes en marche, & nous paſsâmes à un endroit appelé la Croix, où la vallée de Berg s'unit à la vallée de Venlore, & où toutes deux prennent leur direction à l'oueft. A midi nous réjoignîmes nos bagages, & nous paſsâmes l'après-midi chez M. Smith. Le ſoir M. Smith & moi nous fîmes une courte excurſion ſur la colline, munis chacun d'un fuſil, & en revenant nous tuâmes quatre grands flamingoës de quatre à cinq & ſix pieds de longueur. Nous vîmes auſſi le ſerpent jaune ou covracapel.

L'après-midi nous dirigeâmes notre courſe le long du Piguet-Berg du côté de la grande chaîne de montagnes, qui commence au bout de la terre de Hottniqua, & s'étend à travers le pays à environ 20 milles de l'Océan atlantique.

L'après-midi nous arrivâmes à la maiſon d'un Hollandois où nous paſsâmes la nuit, & où nous fûmes bien traités. Cette ferme eſt parfaitement bien tenue & produit en grande abondance du blé & des fruits européens.

Le lendemain je gravis au ſommet de la montagne, d'où j'eus une vue de la terre de la Table au ſud, à la diſtance de 60 ou 70 milles; j'y ramaſſai quelques plantes. La montagne eſt bien arroſée & couverte de pluſieurs eſpèces d'herbages; on y voit auſſi une ferme qui appartient à M. Hana-Camp, où il tient une

Novembre
1778.

partie de fon bétail pendant l'été ; mais l'hiver elle eft fouvent couverte de neige. A mon retour je vis plufieurs zèbres qui habitent la montagne ; mais comme il n'y en a qu'en petite quantité , il eft défendu de les tirer. Après m'être rafraîchi je fuivis mon bagage , & je l'atteignis fur le foir. A minuit nous arrivâmes à la rivière *Berg* , où il y a un bac, & nous y pafsâmes la nuit,

Le lendemain mon compagnon & moi nous quittâmes le bagage & traversâmes Sward-Land , (la terre noire) en laiffant le Rie-Becks-Cartiel (1) à notre gauche. L'après-midi nous pafsâmes à l'églife de Sward-Land, & la nuit nous arrivâmes à la maifon de Clafs-Lopfer, qui eft fituée fur la rivière Deep. Il venoit d'arriver du Cap & avoit apporté d'excellent vin dont il ne fe montra pas avare,

Nous dirrigeâmes notre courfe le long du Camis-Berg, & nous remarquâmes que les fermiers étoient alors en pleine moiffon, A midi nous arrivâmes à un lieu appartenant à la compagnie Hollandoife , appelé *Fishers Hoock*, où nous nous reposâmes, & dans l'après-midi nous continuâmes notre voyage au Cap

(1) Tire fon nom du Gouverneur Van Rie-Beck,

H 4

de Bonne - Efpérance , où nous arrivâmes le 20 novembre 1778 , après un voyage de fix mois,

Fin du fecond Voyage.

TROISIÈME VOYAGE.

LA Caffrerie tout-à-fait inconnue aux Euro-
péens ; ═══ Hauteur de Channa-Land ; ═══
Ferme bien cultivée d'Okker-Hynns ; ═══
Longe-Kloaf ; ═══ Rivière tortueuse ; ═══
Rivière des Contours ; ═══ Forêt de Mimofa ; ═══
Rivière de Lorie ; ═══ Rivière de Van-Stada ; ═══
Plantes & animaux curieux ; ═══ Defcrip-
tion du Hartebeeft ; ═══ Zout-Pan , lac
curieux d'eau falée ; ═══ Négligence totale
de l'agriculture dans ce pays ; ═══ Chiens
fauvages ; ═══ Rivière des Dimanches à neuf
cent milles du Cap de Bonne-Efpérance ; ═══
Etat des Payfans hollandois dans ce Pays ; ═══
Sand-Fleet ; ═══ Guerres entre les Chonacquas
& les Caffres ; ═══ Bétail enlevé par les
Caffres ; ═══ Grande rivière Fish ; ═══ Plantes
curieufes ; ═══ Chaffe du Buffle ; ═══ Diffi-
culté de traverfer les bois ; ═══ Perfpective
étendue de l'Océan Indien & Caffrerie ; ═══
Hofpitalité des Caffres ; ═══ Leurs mœurs ; ═══
Leur roi ; ═══ Etat de fon palais & de fes
poffeffions champêtres ; ═══ Hofpitalité &
générofité de ce Monarque ; ═══ Manufactures
curieufes de la Caffrerie ; ═══ Méthode de faire

le pain avec la moelle du palmier ; ⚏ Faction parmi les Caffres ; ⚏ Description du pays & de ses habitans ; ⚏ Sol & climat ; ⚏ Aventures dans notre retour ; ⚏ Maladie épizootique parmi les bestiaux.

Décembre 1778.

D ANS mon troisième voyage j'eus la satisfaction de traverser une partie du continent de l'Afrique, qui n'avoit encore jamais été visitée par les Européens, & je ne crois pas que depuis il ait été permis à aucun voyageur de le parcourir. Ce pays est la Caffrerie. Ses habitans voient d'un œil si jaloux les usurpations continuelles des Hollandois, (les seuls Européens avec lesquels ils ont des liaisons) qu'ils leur interdisent absolument l'entrée de leur territoire ; & la grande distance qui les en sépare a été l'unique cause qui a empêché les États & la Compagnie de le considérer comme un objet de conquête.

Je ne me laissai pas rebuter par la difficulté de l'entreprise, & ayant en vue ce grand objet, je partis du Cap le 13 décembre & m'avançai vers Zwellendam, où j'arrivai le 3 janvier 1779.

Janvier 1779.

J'y fus joint par M. Tunies, l'un des inspecteurs de la Compagnie, qui alloit vers l'orient pour faire des échanges de tabacs & de grains de verre pour des bestiaux.

Nous allâmes enfemble jufqu'au Groot-Faders-Bofch , & le 8 nous traversâmes la rivière de Doven-Hock où nous reftâmes toute la nuit.

Le lendemain nous pafsâmes la rivère Falfe & celle de Caffre-Kulls , & de là nous allâmes gagner celle de Gouds. Nous prîmes enfuite la route de Hagal-Kraal , laiffant le rivage de l'Océan Indien à droite, à la diftance d'environ 10 milles , & le 12 nous fîmes route fur Atquas-Kloaf , grande chaîne de montagnes dont j'ai déja parlé dans mon premier voyage dans ce pays , & qui eft très-difficile à traverfer.

Nous gagnâmes enfuite à l'orient en traverfant une partie de la terre de Canna. Dans l'après-midi du 13 nous defcendîmes un fentier très-raboteux & très-efcarpé, appelé *la hauteur des terres de Canna.* Le pays paroît très-ftérile , & à peine y aperçoit-on le moindre figne de végétation , fi ce n'eft quelques arbriffeaux nains , fans verdure. Dans le cours de la foirée j'aperçus avec furprife un terrain cultivé; il appartient à un nommé *Obker-Hynus* , fermier induftrieux , qui , dans cet endroit aride & défert , a conftruit une maifon & planté des jardins & des vignes , qui produifent d'affez bon vin & des fruits excellens , tels qu'amandes, figues, pêches, abricots, &c. Il les fait fécher & les envoie au Cap pour y être vendus. Trois femaines environ avant notre arrivée, il y avoit eu un orage affreux de grêle & de vents. La grêle ainfi que les tourbillons de vent avoient détruit tout ce qui fe trouvoit autour de fa maifon ; fon blé, fes vignes, fes arbres fruitiers avoient été entièrement détruits & ravagés. Un de fes enfans, qui gardoit alors un troupeau de brebis dans un endroit découvert, fut bleffé grièvement, & perdit plufieurs brebis qui furent tuées par cet orage.

Le foir nous nous rendîmes fur le bord d'une petite rivière à environ 6 milles de diftance, & nous y pafsâmes la nuit.

Le 14, nous continuâmes notre route à l'orient, & dans la foirée nous arrivâmes chez Rulof-Comphor. C'eft le commencement du Lange - Kloaf, qui, felon la remarque de M. Mafon, a environ 100 milles de longueur & 2 milles de largeur. Le fol y eft une argile rougeâtre, & le pâturage très-mal fain pour le bétail. Depuis l'année 1774, cette partie du pays a été fort améliorée ; les fermiers y ont cultivé des terres à blé, des jardins, des vignobles, & ont en général d'affez bonnes maifons. Nous continuâmes notre route le long de cette vallée, nous arrêtant de temps

en temps pour recueillir des plantes & en
prendre des échantillons.

Le 12, nous arrivâmes à la rivière de Corme
ou rivière tortueuse, qui coule au milieu d'une
longue vallée marécageuse, bordée par deux
chaînes de montagnes, mais moins élevées
que celles du Lange-Kloaf. A l'embouchure
de cette rivière il se trouve un espèce de baie
qui offre aux bâtimens un bon mouillage. Cette
partie de la côte, principalement celle qui se
trouve à l'est, n'est que très-peu connue.

Dans l'après-midi nous arrivâmes à un
endroit appelé *Essen-Bosch*, (il tire son nom
d'un arbre très-utile, que les Hollandois
appellent *essen* ou *frêne*, & dont ils font leurs
chariots). Nous nous rendîmes ensuite à une
maison magnifiquement située sur les bords
d'une jolie rivière appelée *Rivière-Cableows*,
qui tire son nom d'une espèce de morue que l'on
y pêche près de son embouchure. Cette maison
appartenant à un de mes amis, M. Van-
Renan, j'y passai la journée & j'y visitai le
rivage qui n'est qu'à un mille anglois de distance.
Nous trouvâmes parmi les rochers une quantité
considérable d'huîtres d'une fort bonne qualité.
Il y a d'excellens pâturages, & la ferme
produit en abondance du blé, du vin & des
fruits d'Europe.

Nous nous remîmes en marche le 23 , &
nous arrivâmes à la rivière Camtours , où nous
reſtâmes pendant la grande chaleur de la
journée. Il y a ſur les bords de la rivière de
très-grands arbres , principalement de mimoſa
& autres arbuſtes particuliers au pays. Ces
bois ſont fréquentés par des buffles ſauvages ,
très-féroces , & qui rendent par conſéquent la
route fort dangereuſe. Dans l'après-midi nous
fûmes accompagnés par un domeſtique de
M. Van-Renan, qui alloit à la rivière de Lorie.
Vers les dix heures du ſoir nous arrivâmes au
lieu où mon bagage étoit à m'attendre , & à
notre grande ſurpriſe nous aperçûmes auprès
un buffle ſauvage , que nous prîmes d'abord
pour un de nos bœufs. Avant que nous puſſions
nous aſſurer ſi cela étoit ou non, il prit la fuite
dans les bois. La rivière Lorie eſt ainſi appelée
du nom d'une eſpèce d'oiſeaux que l'on trouve
dans les bois qui la bordent ; elle ſe réunit à
la rivière Camtours à environ un millé au ſud.
Les endroits les plus profonds ſont habités par
l'hippopotame amphibie ; mais on a ſi ſouvent
fait la chaſſe à ces animaux, qu'ils oſent rarement
ſe montrer hors de la rivière.

De ce lieu nous dirigeâmes notre courſe au
ſud-quart-ſud-eſt à travers un pays inégal , &
dans la ſoirée nous arrivâmes à la rivière de

Van-Stada , où nous vîmes un beau bois fur le penchant d'une colline dont la bafe eft baignée par la rivière. J'y trouvai quelques plantes d'*aletris fragans* , dont la tige avoit plus de vingt pieds de hauteur ; il y en avoit plufieurs en fleurs. Nous trouvâmes encore d'autres belles plantes. Il y avoit auffi une grande variété d'oifeaux du plus beau plumage.

Le 26 je me rendis fur le bords de la mer , qui étoit à 5 ou 6 milles au fud. A environ mille pas de la mer , la rivière forme un lac fermé par un banc de fable qui s'étend le long du rivage. Dans l'après-midi nous continuâmes notre voyage à travers une grande plaine où je trouvai beaucoup de diverfes plantes bulbeufes, & où je vis une grande quantité d'animaux particuliers au pays, tels qu'élans , quachas , zèbres , & une efpèce d'antelope , appelée par le Hollandois le *hartebeeft* , qui eft le *capra dorcas* de Linné. Nous eûmes le bonheur d'en tuer un dont les dimenfions étoient ainfi qu'il fuit :

	pieds	pouces	
Longueur de la tête ,	1	4	
Largeur de la mâchoire ,	0	7	
Longueur de l'oreille ,	0	8	$\frac{1}{2}$
Longueur du cou ,	1	2	
Largeur des épaules ,	0	10	

	pieds	pouces	
Longueur des jambes de devant,	2	6	
Hauteur du derrière,	4	1	$\frac{1}{2}$
Hauteur du devant,	4	0	$\frac{1}{2}$
Longueur du corps,	4	0	
Longueur du corps de la queue à la tête,	5	6	

Le hartebeeft eft de couleur brunâtre , & fa chair n'eft pas défagréable au goût , quoique sèche.

Ce même foir nous arrivâmes à la rivière de Swart-Kops , où nous pafsâmes la nuit.

Le lendemain matin nous fûmes rejoints par par un payfan qui alloit à la terre des Boshmens , & comme nous tenions la même route , il fut fort aife de pouvoir nous accompagner. Il connoiffoit parfaitement le pays & les mœurs des habitans ; nous ne fûmes pas moins fatisfaits de l'avoir pour compagnon de voyage , que lui , de nous trouver pour ne pas marcher feul.

A midi nous traversâmes la rivière de Swart-Kops. Zout-Pan, qui eft fitué dans ce voifinage , eft un objet qui ne peut manquer de fixer l'attention du voyageur. Ce lac eft une plaine beaucoup plus élèvée que le niveau de la mer , & il a entre 3 & 4 milles de ciconférence. Pendant quelque temps de l'année , c'eft une maffe entière de fel blanc qui fait le plus

fingulier

singulier effet. Les pluies en avoient fait fondre le milieu peu de temps avant notre arrivée ; mais tout autour de ses rives il y avoit une croûte solide de sel exactement ressemblant à de la glace.

Le pays adjacent est couvert d'une grande variété de plantes grasses & fruitières, dont plusieurs sont nouvelles pour moi, quelques-unes en particulier, sont du genre de l'euphorbe. C'est-là que nous reçûmes la visite de deux Caffres, les premiers que nous eussions encore vus ; car ils se risquent très-rarement à une grande distance de leur pays. Le soir nous arrivâmes dans un lieu nommé par les Hottentots *Kow-Cha*, très-fréquenté par les lions, les rhinoceros & les buffles. Le sol est gras & sablonneux, & produit d'excellens pâturages pour les bestiaux, mais point de blé. On ne peut hasarder de dire que la terre ne soit pas propre à produire du grain, par la raison qu'à cette distance du Cap l'on dédaigne ou l'on ne connoît pas la manière de le cultiver.

Le 29, nous continuâmes notre route à l'est vers Sondags River ou la Rivière des Dimanches. Le pays présente un aspect stérile, mais il produit une grande variété de plantes & d'arbustes : il ne s'en trouve que très-peu d'une certaine hauteur ou d'une certaine grosseur,

I

ce qui prouve la mauvaife qualité du fol. Nous vîmes dans notre route un grand nombre de chiens fauvages; ils marchent en grand nombre, & lorfqu'ils rencontrent des troupeaux de brebis, ils font le plus grand dégât. On trouve auffi des chiens fauvages auprès du Cap. Il y en a qui font beaucoup plus grands que le jackal, & qui ont fur la peau de grandes taches ou puftules. Après avoir marché toute la journée à travers un pays fec & pierreux, nous arrivâmes le foir bien fatigués à la rivière des Dimanches, qui eft éloignée du Cap d'environ 900 milles. Là fe terminoit le voyage de M. Mafon, à l'eft. On y trouve encore quelques hippopotames, mais ils font très-farouches.

Le lendemain, j'allai voir un payfan Hollandois qui a réfidé dans ce pays pendant plufieurs années. Cet homme poffède de nombreux troupeaux ; mais il n'a point de blé & fa maifon eft à peine logeable, quoiqu'il pourroit facilement fe procurer l'un & l'autre. Ces fortes de gens font en général fi indolens, qu'ils fe donnent rarement la peine de bâtir des maifons ou de cultiver la terre. Il s'en trouve cependant qui font induftrieux, qui tirent tous les avantages poffibles de leur fituation, & qui font en état de vivre avec aifance.

Un de nos compagnons, M. Tunies, nous

quitta le 31 , & nous fûmes rejoints par Jacob Kock, vieil Allemand dont j'ai parlé, à la rivière de *Swart-Kops.* M. Van-Renan & moi , nous dirigeâmes nos pas vers la grande rivière Fish. A midi nous rejoignîmes le bagage dans un endroit appelé en langage Hottentot *Curnow.* Nous fûmes informés par nos gens qu'ils avoient été inquiétés toute la nuit par quelques éléphans qui n'avoient ceffé de roder autour du chariot.

Dans l'après-midi nous continuâmes notre voyage jufqu'à une plantation appelée *Sand-Fleet,* appartenante à notre compagnon de voyage Jacob Kock. Le pays eft très-beau & très-pittorefque & femé de montagnes & de collines ombragées de bois impénétrables. Les vallées font bien arrofées & couvertes d'herbages qui fourniffent aux troupeaux d'excellent pâturage. Il y a dans le voifinage un grand nombre de quadrupèdes, tels que lions, panthères, éléphans, rhinoceros , buffles , &c. On voit à peu de diftance à l'eft quelques kraals appartenans à la tribu des Hottentots , connus fous le nom de *Chonacquas.* Ces naturels font plus noirs , & beaucoup mieux taillés que tous ceux des autres tribus de Hottentots que j'avois rencontrés jufqu'alors. Je ne puis déterminer fi cela provient de leurs liaifons avec les Caffres , dont plufieurs réfident dans ce pays, ou de quelqu'autre

caufe. Il n'eft pas rare que les Chonacquas &
les Caffres fe prennent de querelle , & en
viennent à des engagemens. Dans ces occafions
plufieurs centaines de Caffres fe réuniffent pour
s'oppofer à leurs ennemis , qui font rarement
en état de mettre en campagne des forces
proportionnées à ce nombre; mais la dextérité
avec laquelle les Hottentots fe fervent de leurs
arcs & de leurs flèches , & l'ufage où ils font
d'empoifonner leurs armes les rendent très-
redoutables à leurs ennemis , qui ne font
ufage que de la zagaie. Les difputes entre
ces peuples s'élèvent prefque toujours à l'occafion du gibier dont ces deux nations font
extrêmement avares.

Nous dirigeâmes notre courfe à l'eft à la
rivière des Boshmens , & à midi je vifitai un
kraal appartenant à un capitaine Hottentot
appelé *de Royter*. Cet homme a plus de deux
cents Hottentots & Caffres à fon fervice , &
quelques heures avant notre arrivée il avoit
combattu contre un gros de Caffres , qu'il avoit
chaffés du champ de bataille & à qui il avoit
pris beaucoup de beftiaux.

Quelque temps après nous arrivâmes près
d'un lac d'eau faumâtre , appelé par les
Hottentots *Kys Guna Kie Katie ;* chacune des
lettres qui font accentuées font prononcées. Nous

reſtâmes dans ce lieu toute la nuit du premier février.

Nous comptions pourſuivre le lendemain matin notre voyage ; mais nos beſtiaux nous manquant, notre premier ſoin fut d'envoyer nos Hottentots à leur recherche. Peu d'heures après, un d'entre eux revint & nous informa qu'ils avoient été enlevés par les Caffres, qu'il avoit obſervé l'empreinte de leurs pieds, & reconnu, en ſuivant leur trace, qu'on les avoit cachés vers un village appartenant à un capitaine Caffre nommé *Mahotie*. Nous envoyâmes notre meſſager aux autres Hottentots, & leur ordonnâmes de ſuivre les traces de ces animaux juſqu'à ce qu'ils les trouvaſſent, ce qu'ils firent. Ils revinrent avec nos animaux, vers le ſoir, & nous dirent qu'ils les avoient atteints à peu de diſtance du kraal. L'un des Caffres les aſſura qu'ils avoient pris nos bêtes de trait par erreur, en croyant qu'elles appartenoient aux Hottentots avec leſquels ils avoient eu un engagement la veille. Quoiqu'il fût alors très-tard, nous marchâmes encore l'eſpace de plus de 20 milles. Le ſoir nous arrivâmes dans un lieu nommé *le K'a-Cha-Chow*, qui eſt une branche de la rivière des Boshmens, & où étoit anciennement ſituée une maiſon appartenante à notre compagnon Jacob Kock.

I 3

Le matin du 3 j'engageai M. Kock à nous
accompagner à la grande rivière Fish. Il y
confentit volontiers. Nous continuâmes de là
notre route à l'eft, à travers un pays affez
agréable, quoiqu'entièrement inhabité. On y
trouve de nombreufes troupes de quadrupèdes
des différentes efpèces dont j'ai déja parlé.
L'herbe y croiffoit fi haute qu'elle touchoit le
ventre de nos chevaux. Cette partie du pays
eft agréablement diverfifiée par de jolis bois,
plantés fur le penchant des collines. J'y ai
trouvé une efpèce de leucadendron qui m'étoit
tout-à-fait inconnue, & plufieurs autres belles
plantes. On y trouve encore par tout l'efpèce
de palmier, décrite par M. Mafon dans fon
fecond voyage ; j'en ai vu dont les palmes
avoient plus de 20 pieds de hauteur. Les
Hottentots font du pain avec la moëlle de
cette plante ; j'aurai bientôt occafion de décrire
la manière dont ils s'y prennent. Le foir nous
arrivâmes à un endroit appelé *Now-Tu*.

Afin que le lecteur puiffe avoir une jufte
jufte idée de notre route, je fuis obligé d'avoir
plus fouvent recours aux pointes du compas
que l'élégance du ftyle ne fembleroit le permettre. Nous tenions l'eft-quart-nord-eft. Le
4 à midi nous arrivâmes à une petite rivière
qui étoit alors prefqu'à fec ; nous nous y

reposâmes pendant quelques heures, & nous
vîmes à une certaine diſtance de nous un troupeau de buffles auxquels nous nous promîmes
de donner la chaſſe dans l'après-midi. J'y
trouvai une belle plante de la claſſe des lilas,
ſurmontée d'une grande couronne de fleurs
blanches & rouges. Après le dîner nous nous
partageâmes en pluſieurs bandes, & auſſitôt que
nous fûmes à la portée du fuſil, nous attaquâmes
les buffles. Ils étoient environ une centaine &
nous en tuâmes cinq ; les autres prirent la
fuite dans un bois qui étoit à un mille de
diſtance de nous. M. Kock fit dépouiller les
buffles morts, leur cuir faiſant de ſi excellentes
courroies pour les harnois des bœufs, qu'on le
préfère à toutes les autres eſpèces de cuir. Le
ſoir nous arrivâmes à la rivière Fish, (du poiſſon)
où nous reſtâmes deux jours. Pendant la nuit
nous eûmes de fortes ondées de pluie, avec
de grands éclats de tonnerre. Ici la rivière
prend ſon cours au ſud & va ſe jeter dans
l'océan Indien, à environ 20 milles de
diſtance. Les parties les plus profondes de la
rivière ſont habitées par l'hippopotame, & les
bois adjacens ſervent de retraite aux éléphans,
aux rhinoceros & aux buffles. Nous tuâmes
pluſieurs buffles que nous trouvâmes beaucoup
plus peſans que nos plus forts taureaux d'Europe.

Voyant que nous ne pouvions pouſſer plus loin avec notre bagage, à travers des bois impénétrables, nous convînmes que M. Van-Renan continueroit de l'accompagner, tandis que M. Kock & moi, nous prendrions à l'eſt pour gagner le pays des Caffres, qui n'étoit qu'à deux ou trois journées de marche. La plupart des arbuſtes de ce pays me ſont inconnus, excepté l'euphorbe des anciens, l'érythrina corallodendron & le gardenia ſtellata. Nous prîmes avec nous un Hottentot qui connoiſſoit parfaitement la langue des Caffres. En paſſant à travers les halliers, ſur les bords de la rivière Fiſh, nous éprouvâmes beaucoup de difficultés; mais ayant heureuſement rencontré un ſentier d'éléphant, nous le ſuivîmes juſqu'à midi. Nous traverſâmes enſuite la rivière & nous entrâmes dans une plaine ſpacieuſe où nous trouvâmes une grande & admirable variété d'arbriſſeaux toujours verds, & pluſieurs plantes bulbeuſes, telles que iris & crinums, dont je trouvai quelques-unes en fleurs. Je remarquai principalement une belle plante dont les fleurs étoient cramoiſies, & qui ſurpaſſoit, par la beauté de ſa forme & l'éclat de ſon coloris, toutes celles que j'avois encore vues. Le ſoir nous campâmes ſous un grand mimoſa & nous fîmes du feu pendant toute la nuit.

Février
1779.

Après avoir traverſé cette grande plaine,
nous entrâmes dans un bois d'environ 8 milles de
largeur. On voyoit des endroits où les arbres
étoient très-clair-ſemés. Nous remarquâmes
dans ces clarières de nombreux troupeaux de
buffles qui n'avoient nullement l'air ſauvage.
Nous en bleſsâmes un. Bientôt après nous
vîmes une troupe d'éléphans qui vinrent ſi près
de nous que nous pouvions obſerver la longueur
& l'épaiſſeur de leurs dents. Après avoir quitté
le bois, nous gravîmes une montagne eſcarpée,
d'où nous découvrions l'océan Indien au ſud,
& au nord un pays montagneux couvert d'arbres
& d'arbriſſeaux toujours verds, qui s'étendoit
à environ 30 milles. La perſpective eſt terminée
par une rangée de montagnes appelée le *Bamboo-
Berg*, ſur laquelle croît une eſpèce de bambou.
A l'orient nous avions la vue d'un beau pays
garni de beaucoup de plantes. Ce pays eſt bien
arroſé & produit d'excellent pâturage pour
les beſtiaux. Dans la ſoirée du 17 nous aperçûmes du feu, à environ 10 milles de nous
à l'orient ſur le ſommet d'une montagne verte.
Notre interprète nous dit que ce feu étoit dans
un village Caffre. Au lever du ſoleil nous en
découvrîmes un autre beaucoup plus près, &
nous vîmes pluſieurs troupeaux de beſtiaux.
Vers les huit heures du ſoir nous rencontrâmes

trois Caffres qui parurent fort furpris de
nous voir ; car nous étions fans doute les
premiers Européens qu'ils euffent aperçus :
ils s'en retournèrent promptement & jetèrent
l'alarme dans le village avant que nous y
arrivaffions ; mais à notre arrivée ils nous
accueillirent d'une manière obligeante , nous
apportèrent du lait , & nous offrirent un jeune
taureau gras , conformément à leurs ufages
hofpitaliers. Ce village , compofé d'environ
cinquante maifons , eft fitué fur les bords d'une
rivière agréable appelée *Langue-Caffre-Mugu-*
Ranie ; il appartient à leur chef , & contient
environ trois cents habitans , tous domeftiques
ou foldats de leur chef, qui étoit auffi le pro-
priétaire des nombreux troupeaux que l'on y
voyoit. Les Naturels fe nourriffent du lait de
leurs vaches & de gibier , ne leur étant pas
permis de tuer aucuns de leurs beftiaux. Les
hommes traient les vaches , & les femmes
prennent foin du jardin & de la culture des
terres à blé.

Nous fûmes accompagnés par les Naturels
d'un village à un autre , jufqu'à ce qu'enfin
nous arrivâmes à un lieu appartenant à celui
qu'ils appellent leur chef ou roi. Son habitation
eft fituée fur une rivière appelée *Becha-Cum,*
ou rivière de lait. En général toutes leurs

Février 1779.

maifons font bâties fur les bords des rivières. ou des ruiffeaux ; mais il n'y a ni terres à blé ni jardins dans leur voifinage. Le chef avoit environ cent vaches qui lui fourniffoient & à toute fa maifon le lait qui lui étoit néceffaire. Sa maifon étoit compofée d'environ vingt-deux domeftiques, qui l'accompagnoient par-tout où il alloit. Lors de notre arrivée il parut fort inquiet, & fe tint pendant près d'une heure à une grande diftance. Un certain nombre de Caffres alla alors à fa rencontre & l'accompagna jufques chez lui. Il nous envoya enfuite un de fes domeftiques pour nous inviter à nous rendre auprès de fa perfonne. La première chofe que je lui préfentai fut quelques grains de verre qu'il accepta fans façon. Je lui offris auffi du tabac ; mais il fembla préférer le fien, qui étoit beaucoup plus léger. Il m'offrit enfuite un troupeaux de jeunes taureaux gras. Je refufai de le prendre, ce qui parut l'offenfer, & il répéta plufieurs fois : « Que penfez-vous de notre pays ? » Après quelques paroles de part & d'autre j'en acceptai un feulement, que nous tuâmes auffitôt d'un coup de fufil. Rien ne peut égaler la furprife des fpectateurs, au nombre de fix cents perfonnes, dont aucun peut-être n'avoit jamais ni vu, ni entendu parler de fufils. Nous fîmes apprêter une partie de

ce taureau, dont je trouvai la chair infiniment
meilleure que celle du bœuf que l'on mange
dans les environs du Cap de Bonne-Espérance.
Je diftribuai le refte de l'animal au roi & aux
gens de fa fuite. Il me témoigna encore une
fois fon mécontentement de ce que je ne
voulois rien accepter de plus en retour des
préfens que je lui avoit faits. Je lui demandai
alors quelques paniers, qu'il me donna, &
deux de leurs lances ou zaguaies, qui font faites
avec une adreffe inimitable. La manière dont
font faits leurs paniers eft infiniment curieufe;
c'eft l'ouvrage des femmes. Ils fe fervent à
cet effet d'une certaine herbe, & la treffent fi
ferrée, qu'ils peuvent contenir même des
liquides. Khouta, le roi, me pria de refter
avec lui quelques jours; nous nous excufâmes
& confentîmes à y paffer la nuit. Dans l'après-
midi je parcourus les bois du voifinage pour
reconnoître les plantes, & le foir j'allai rejoindre
mon compagnon qui étoit refté au Becha-Cum.
Comme il faifoit très-chaud nous préférâmes
coucher dans les bois plutôt que dans aucunes
de leurs cahutes, & pendant la nuit j'obfervai
qu'il y avoit deux fentinelles placées à chaque
côté de la maifon du chef, & que l'on relevoit
de deux heures en deux heures.

Le 9 je me propofois de pouffer plus loin à

février
1779.

l'eſt ; l'aſpeƈt agréable du pays , & l'immenſe
variété de plantes inconnues qu'il produit , m'y
invitoit fortement ; mais une rivière appelée
par les Naturels *le Kys-Comma* , ſituée à peu
de diſtance à l'eſt , nous en empêcha. Nous
prîmes alors le parti de retourner par où nous
étions venus. Le grand palmier dont j'ai déja
fait mention croît ici en grande abondance , &
les Caffres s'en ſervent, comme les Hottentots ,
pour faire une eſpèce de pain. Ils recueillent
la moëlle de cet arbre , & après en avoir
raſſemblé en quantité ſuffiſante , ils la laiſſent
fermenter pendant pluſieurs jours , & juſqu'à
ce qu'elle devienne un peu aigre. Ils la font
cuire enſuite dans un four conſtruit à cet effet.
Ils font auſſi du pain avec leur blé qui eſt de la
même eſpèce que le blé de Guinée ; mais ce
grain ſert plus volontiers à faire une ſorte de
punch, que quelques Caffres appellent *plombie*,
& qui eſt forte & enivrante. Ils font un fréquent
uſage d'une plante nommée *plantains* par les
Naturels ; elle croît ſpontanément ſur les
bords des rivières & dans les bois. Les côtes
de cette plante ſont triangulaires , & à peu près
de la taille du concombre à pointes. Je n'en
vis point en fleurs , mais pluſieurs étoient
parvenus à leur degré de maturité. La ſemence
eſt à peu près de la groſſeur d'un pois , &

je crois que cette plante eft celle à laquelle le
docteur Tunberg donne le nom de *helaconia
caffraria.*

Les hommes dans ce pays ont de cinq pieds
dix pouces à fix pieds (mefure Angloife) de
hauteur , ils font bien proportionnés , &
donnent fouvent de grandes preuves de leur
courage en attaquant les lions & les autres bêtes
féroces. Cette nation eft maintenant divifée en
deux parties ; l'une au nord , eft commandée
par un Chatha-Bea ou Tambushie, qui tient cette
dernière dénomination de fa mère , femme de la
tribu des Hottentots , appelée *Tambuskies.* Cet
homme étoit fils aîné d'un chef nommé *Pharoa*,
qui mourut vers l'année 1776 , laiffant deux
fils Cha-Cha-Bea , & Dfirika qui prétendoit
devoir être feul fouverain , parce que fa mère
étoit née Caffre. Il s'enfuivit de longues &
vives conteftations entre les deux frères ; Cha-
Cha-Bea , & un grand nombre de fes partifans
furent chaffés du pays , & le malheureux roi
fe réfugia à environ 100 milles au nord de
Khouta , où il réfide maintenant. Il a formé
une alliance avec les Hottentots-Boshmens.

Les Caffres ont la peau noire comme le jais ,
& les dents blanches comme de l'ivoire ; leurs
yeux font grands. La manière de s'habiller des
deux fexes eft à peu près la même ; ce ne font

que des bandes de cuir de bœuf, flexibles
comme le drap. Les hommes portent des
queues de différens annimaux attachées autour
de leurs cuiſſes, des morceaux de cuivre dans
leurs cheveux & de grands anneaux d'ivoire aux
bras. Ils mettent auſſi ſur leurs têtes des crins
de lions, des plumes & d'autres parures de
fantaiſie. Quand ils ont atteint l'âge de neuf
ans ils ſont circoncis, & ils portent enſuite
une petite muzelière qui couvre l'extrémité du
penis, & eſt ſuſpendue par un cordon de
peau attachée au milieu. Cette muzelière eſt
ordinairement ornée de grains de verre &
d'anneaux de cuivre, qu'ils achètent aux
Hottentots pour du tabac & du dracka. Ils
aiment beaucoup les chiens, qu'ils échangent
pour du bétail, & ils portent cette paſſion ſi
loin, que s'ils voyent un chien dont ils aient
grande envie, ils donneront en échange deux
taureaux. Leur exercice continuel pendant le
jour eſt de pêcher, de chaſſer & de danſer.
Ils ſont très-adroits à jeter leurs lances, & en
temps de guerre ils ſe ſervent de petits boucliers
faits de cuir de bœuf. Les femmes ſont chargées
de la culture des jardins & des terres à blé.
Elles cultivent pluſieurs végétaux qui ne ſont
point ind'gènes ; tels que du tabac, des
melons d'eau, une petite eſpèce de haricots

& du chanvre. Je n'ai vu aucune de ces plantes croître naturellement fur le fol. Les femmes font leurs paniers & les nattes fur lefquelles on fe repofe. Les hommes mettent beaucoup de vanité dans leurs beftiaux ; ils leur coupent les cornes de manière à leur donner la forme qui leur plaît & leur enfeignent à obéir à leurs fifflemens. Plufieurs fe fervent à cet effet d'un inftrument fait comme le fifflet d'un maître d'équipage. Quand ils veulent que leurs beftiaux reviennent au logis, ils vont à quelque diftance de leurs maifons & foufflent dans ce petit inftrument, qui eft fait d'ivoire ou d'os, de manière à être entendu à une très-grande diftance ; ces animaux retournent auffitôt, fans qu'il foit néceffaire de les conduire. Le fol eft une terre graffe & noirâtre, & fi fertile que toutes les fubftances végétales, plantées ou femées, y croiffent avec la plus grande abondance.

Le climat eft fujet à beaucoup de variations ; mais je n'avois point alors de thermomètre pour obferver les divers degrés de chaleur. Il tombe rarement de l'eau, fi ce n'eft dans l'été, où les pluies font accompagnées de tonnerre & d'éclairs. Malgré cela le pays eft bien fourni d'eau, qui coule non-feulement des terres élevées au nord, mais encore d'un

grand

Février 1779.

grand nombre de fontaines que l'on trouve dans les bois. D'après toutes mes obſervations dans ce pays , je ſuis diſpoſé à croire qu'il eſt infiniment ſupérieur à toutes les autres parties connues de l'Afrique.

Les bois produiſent une grande quantité d'arbres dont quelques - uns s'élèvent à une très-grande hauteur. Ils ſont fréquentés par des éléphans , des buffles , &c. : il y a auſſi un grande variété de fort beaux oiſeaux & de papillons magnifiques; mais ils ſont ſi farouches que je ne pus me procurer de ce pays plus de deux oiſeaux.

Quand nous retournâmes à notre bagage , le 9 , nous fûmes accompagnés par le chef , & environ ſix cents domeſtiques ou ſoldats. Ils nous ſuivirent juſqu'à midi , & nous prîmes alors congé d'eux. Nous dirigeâmes enſuite nos pas au nord , vers la grande rivière Fihs , où nous paſsâmes la nuit.

Le lendemain nous laiſsâmes derrière nous un de nos Hottentots avec un fuſil ; il étoit tellement harraſſé qu'il ne pouvoit plus nous ſuivre. Deux jours après il nous rejoignit, ayant tué dans ſa route deux rhinoceros dont il nous apporta de la chair. Comme ils étoient fort jeunes, nous les trouvâmes très-bons à manger & aſſez tendres.

K

Février
1779.

Le 12 , nous retournâmes par la route que nous avions prise pour venir , & je rassemblai dans les bois plusieurs semences & fruits d'arbres toujours verds.

Vers le soir nous arrivâmes au Now-Tio. M. Van-Renan , accompagné de quelques Hottentots , quitta le bagage , avec intention de donner la chasse à un troupeau de buffles , que l'on observoit à la distance d'environ un mille. Avant qu'ils revinssent ils furent accueillis par plusieurs coups de tonnerre , par des éclairs & une forte pluie. La nuit fut si obscure qu'ils se perdirent. La pluie nous empêcha d'allumer des feux jusqu'à neuf heures ; mais à cette heure l'ouragan s'étant appaisé , nous en fîmes dans plusieurs endroits , & ils nous eurent bientôt aperçus.

Le lendemain matin nous avions perdu nos bêtes de somme ; nous envoyâmes nos Hottentots à leur poursuite : ils revinrent le soir sans en avoir pu découvrir la moindre trace.

Le matin suivant , M. Kock & moi , nous sellâmes nos chevaux & nous nous avançâmes à travers le pays pour essayer si nous serions plus heureux ; nous les trouvâmes en effet à la rivière des Boshmens , à environ 20 milles de distance , & nous retournâmes à notre bagage avec quelques Hottentots de M. Kock.

Nous nous arrêtâmes plusieurs jours à la rivière Cableows, & nous nous y procurâmes une grande quantité de fruits étant dans le fort de la saison du raisin, des melons d'eau & des pêches.

Après avoir quitté la maison de notre ami nous marchâmes au sud-quart-sud-est, vers la demeure de notre compagnon de voyage, M. Kock; elle est située sur la rivière Zie-Koe ou de la Vache Marine, ainsi nommée, parce qu'elle étoit anciennement fréquentée par l'hippopotame. Nous remarquâmes dans cet endroit que plusieurs de nos bœufs étoient malades. Ils étoient attaqués d'une maladie connue sous le nom de *klow*, qui exerce pendant l'été ses ravages sur les bêtes à cornes. Leur sabot enfle à tel point qu'elles ne peuvent plus se soutenir, & il en meurt un grand nombre. M. Van-Renan envoya alors un de ses Hottentots à la maison de son père, & il revint bientôt avec d'autres bœufs.

Nous continuâmes de là notre route à l'ouest, & arrivés dans la soirée du rer mars à la la maison d'un Hollandois, nous y passâmes la nuit. Le jour suivant nous traversâmes la rivière de Krome.

Peu de jours après nous atteignîmes l'habitation d'un nommé *Keraira*, riche fermier:

K 2

nous eûmes le chagrin de remarquer alors
que nos bêtes à cornes étoient aussi malades
qu'auparavant , & que celles que nous avions
amenées de la rivière de Cableows étoient
dans un état plus fâcheux encore que les
autres.

Voyant que le pays étoit extrêmement aride ,
& que l'on y pouvoit à peine rencontrer une
plante, je laissai M. Van-Renan avec le bagage
& je dirigeai mes pas vers le Cap , où j'arrivai
le 23 mars , après un voyage de trois mois.

Fin du troisième Voyage.

QUATRIÈME VOYAGE.

CHATEAU de Rie Beck ; ═══ Vallée de Ver-
toren ; ═══ Nous nous perdons ; ═══ Rejoints
par le Colonel Gordon ; ═══ Séparés de nouveau ; ═══ Déprédations faites par les lions ; ═══
Rivière d'Hartebeest ; ═══ Rejoints par le Colonel Gordon ; ═══ Arrivés à la dernière
maison au nord le long de l'Océan Atlantique ; ═══ Craintes des Naturels pour nous
accompagner ; ═══ Déserts effroyables ; ═══
Disette absolue d'eau ; ═══ Perte de M. Pinard,
compagnon du Colonel Gordon ; ═══ Nid d'autruche ; ═══ Rivière d'Orange ; ═══ Plantes
magnifiques ; ═══ Nous retrouvons M. Pinard ; ═══ Terrible situation où il s'est trouvé,
aussi-bien que les Hottentots qui l'accompagnoient ; ═══ Hommes sauvages ; ═══ Impossi-
bilité d'avoir avec eux quelque conversation ; ═══
Description de leurs cabanes ; ═══ Nous con-
versons enfin avec les Naturels ; ═══ Le Pays
très-peu-peuplé ; ═══ Gouvernement & mœurs
de ces sauvages ; ═══ Plantes dont se servent
les Hottentots pour faire du feu ; ═══ Troupeau
de zèbres ; ═══ Serpent à corne ; ═══ Séparation
d'avec le Colonel Gordon ; ═══ Copper-Berg ; ═══

K 3

Defcription des bois fur la rivière d'Orange,
& des animaux que l'on y trouve ; === *Rivière*
des Lions ; === *Mœurs des peuples dans cette*
partie de l'Afrique ; === *Efpèce curieufe de*
brebis ; === *Obfervations fur les montagnes de*
l'Afrique ; === *Le Caméléopard ;* === *Petite*
Nimiqua ; === *Rivière de Camdinie ;* === *Chaffe*
de l'Antelope ; === *Plante dont on fait ufage*
pour empoifonner les Hyennes.

L E 18 juin 1779, je repartis du Cap avec
M. Sébaftien Van-Renan. Nous dirigeâmes
nos pas vers Ronde-Bofch, maifon appartenant
à fon père, & où le mauvais temps nous
retint pendant trois jours.

En quittant cet endroit nous gagnâmes au
nord, vers Grœna-Kloaf, pays dont la plus
grande partie appartient à la Compagnie
Hollandoife. Après avoir traverfé un fable
aride nous arrivâmes à une maifon appartenant au boucher de la Compagnie, où nous
pafsâmes la nuit ; j'y trouvai des oxalifes
(ozeille ou furelle) de plufieurs efpèces &
des jacinthes. Ce pays abonde en diverfes
fortes de gibier, tels que bécaffines d'eau,
faifans, perdrix. On y voit encore le ftenbock
& le hartebeeft ; mais à certains temps de
l'année, il eft défendu de les tirer.

De là nous dirigeâmes notre route au nord-eſt , en paſſant à travers la terre de Swart , & dans la ſoirée nous arrivâmes au château de Rie-Beck , qui appartient à M. Droyer, riche fermier, où nous paſsâmes deux jours. Je fis de là une excurſion dans les terres voiſines ; mais comme c'étoit la ſaiſon d'hiver , il y avoit très-peu de plantes en fleurs. On a placé ſur le ſommet de la colline qui domine le château , une pièce de canon pour donner des ſignaux , ſe garantir des ſurpriſes de l'ennemi & répandre, au beſoin, l'alarme dans le pays adjacent.

Le 25 , nous fîmes nos adieux à M. Droyer, & nous continuâmes notre route. Le ſoir nous arrivâmes à la rivière Berg , où nous paſsâmes la nuit ; & le lendemain de grand matin nous traverſâmes la rivière dans un bac. Ce même jour nous continuâmes notre voyage juſqu'au Picquet-Berg , & le jour ſuivant nous arri-vâmes à la Croix , où nous paſsâmes la nuit.

Nous prîmes enſuite à l'oueſt en longeant la vallée de Verlocen ou vallée Perdue , & le ſoir nous nous arrêtâmes chez M. Grieſf. Pendant la nuit du 25 au 26 il étoit tombé tant de pluie , que la rivière s'étoit accrue au point de n'être plus guéable le jour ſuivant. Le fermier , très-ſatisfait de nous poſséder dans

K 4

fa maifon , nous fit des vives inſtances pour
que nous nous déterminaſſions à paſſer chez
lui pluſieurs jours , & nous y conſentîmes ,
la rivière étant toujours très-haute. Les eaux
ayant commencé à s'écouler , nous nous diſ-
poſâmes à pourſuivre notre route , & nous
fûmes aidés en cela par notre hôte , qui nous
prêta quelques-unes de ſes bêtes de ſomme ,
plus propres que les nôtres pour réſiſter à la
force du courant en traverſant la rivière ; elle
étoit encore très-large & dans pluſieurs endroits
les bœufs furent obligés de nager. Lorſque
nous eûmes gagné la rive oppoſée , nous dirigeâmes notre courſe vers le nord , à travers
un pays élevé & ſablonneux , mêlé d'une grande
variété d'aſpalathuſes (bois de roſe) , de
gnaphaliums (patte de lion) , &c.

Sur le ſoir nous arrivâmes dans la vallée
de Lange , à la maiſon de Madame Low ,
Françoiſe , d'un certain âge , qui a long-temps
vécu dans cette partie du pays , & poſsède
une grande quantité de bétail ; nous y paſsâmes
la nuit.

Le jour ſuivant nous marchâmes à travers
une grande plaine ſablonneuſe , vers l'*Hier-
Lodſtement*, qui eſt à plus de 40 milles de diſtance.
Le ſoir nous arrivâmes à la vallée de Jackals ,
où , quoique nous n'y trouvaſſions point d'eau ,

nous fûmes obligés de refter quelques heures
pour rafraîchir nos bœufs, qui étoient extrêmement fatigués. Vers les deux heures du
matin nous pourfuivîmes notre route vers
l'endroit où nous nous propofions de nous
arrêter, & nous nous arrêtâmes en chemin
à l'*Hier-Lodfiement*, où nous favions qu'il y
auroit de l'eau. Nous arrivâmes à neuf heures
du matin, & nous trouvâmes un payfan qui
y étoit deux heures avant nous. Je lui
demandai où il alloit, obfervant qu'il étoit
accompagné de plufieurs Hottentots, & que
fa voiture contenoit plufieurs canons. Il me
dit qu'il alloit vers la grande rivière, & qu'il
y devoit accompagner le colonel Gordon,
que j'avois laiffé au Cap; mais qui ne devoit
pas tarder à nous dépaffer.

Dans l'après-midi nous dirigeâmes notre
courfe vers la rivière des Éléphans; mais
malheureufement nous nous perdîmes pendant
la nuit. Nous vîmes plufieurs feux, que nous
imaginions être dans le lieu où nous allions;
mais lorfque nous y fûmes arrivés, nous reconnûmes qu'ils avoient été allumés par quelques
Hottentots chargés de garder un troupeau de
brebis appartenant à un Hollandois. L'un d'eux
nous remit dans notre chemin, & à deux
heures du matin nous arrivâmes à la maifon

de Peter-Van-Syl, qui a vécu fur les bords de cette rivière pendant plufieurs années. Notre chariot fut tellement endommagé par la route du Cap à cet endroit, que nous fûmes forcés d'y refter quelques jours pour le faire réparer.

Lorfque le chariot fut en état, nous le tranfportâmes, ainfi que le bagage, de l'autre côté de la rivière, qui étoit alors très-haute. Le colonel Gordon y arriva dans la foirée ; mais comme il tenoit une route différente, nous convînmes de nous rencontrer dans la terre de la petite Nimiqua, & enfuite de continuer notre route le long des bords de l'Océan, aufli loin qu'il feroit poffible, au nord.

Nous dirigeâmes notre route vers le Bokke-Lands-Bergen, où nous devions trouver un troupeau de bœufs frais. Arrivés au Bokke-Veld, nous gravîmes la montagne, laiffant notre chariot auprès d'une petite fontaine, le chemin étant impraticable à caufe des groffes pluies qui étoient tombées. Là nous prîmes avec nous quelques provifions, & M. Van-Renan fut avec fa voiture & feize taureaux appartenans à fon père.

Nous continuâmes de là notre route vers la petite Nimiqua, & nous arrivâmes à la rivière de Thorn, où pendant la nuit du 16 nous entendîmes le rugiffement des lions que nous

supposâmes être à environ mille pas de
nous.

En nous rendant dans un endroit appelé
la Caverne du lion, nous rencontrâmes un
Hottentot qui nous informa que les mêmes
lions que nous avions entendus avoient fait
une excursion à son *kraal*, & qu'ils avoient dévoré
deux veaux. Ce Hottentot étoit domestique
de Madame Ryck, & avoit passé dans le
Karo tout l'hiver, le soin d'une partie des
bestiaux appartenans à cette Dame lui ayant
été confié. Après avoir marché toute la nuit
sans trouver une seule goutte d'eau, & ayant
été assez malheureux pour nous perdre, nous
fûmes forcés de nous arrêter jusqu'au lendemain
matin. Pendant cette même nuit M. Van-
Renan perdit son cheval ; nous pensons qu'il
sera retourné au Bokke-Veld, d'où nous l'avions
amené. A la pointe du jour nous continuâmes
notre route, & à dix heures du matin nous
arrivâmes à la Caverne du lion, où nous
restâmes toute la journée & où nous reçûmes
la visite de plusieurs *Boshmens*.

Le jour suivant nous continuâmes notre
route vers *Reed* ou *Brack-Fountain*, (*la fontaine
de Roseau ou de Paille*) où nous trouvâmes
d'assez mauvaise eau, & de là nous marchâmes

vers la rivière de Harte-Beeft, où je vis plusieurs belles plantes.

Nous marchâmes ensuite aux trois fontaines, où nous passâmes toute la nuit, & de bonne heure le lendemain nous gagnâmes au nord-ouest jusqu'à la rivière Verte, où nous eûmes la satisfaction de rencontrer le colonel Gordon, qui n'y étoit arrivé que quelques heures avant nous.

Notre caravane fit un séjour de très-courte durée sur les bords de cette rivière. Je fus fort aise d'en pouvoir profiter pour visiter la bute du Camis-Berg, qui est ornée d'une grande variété d'arbrisseaux toujours verds ; mais comme nous étions en hiver il y en avoit très-peu qui fussent en fleurs.

Après nous être bien reposés nous reprîmes notre route au nord, laissant le Camis-Berg à notre droite, & dans la soirée du 25 nous arrivâmes à un village Hottentot, composé de dix-huit cabanes, où nous passâmes la nuit. Le lendemain nous continuâmes notre route dans la même direction. A midi nous rencontrâmes un payfan qui revenoit de la grande Rivière & s'en retournoit au Cap, accompagné d'un déserteur, absent depuis sept ans, & qui avoit parcouru une très-grande partie du pays. Ce malheureux étoit né en Suéde ; il nous

raconta plusieurs des événemens malheureux
qui lui étoient arrivés en Afrique. Le soir nous
arrivâmes à la maison d'un nommé *Hermanias-*
Engelbright, où nous passâmes plusieurs jours.
Il nous fournit tout ce qui pouvoit nous être
nécessaire pour le voyage que nous nous proposions de faire le long des côtes de l'Océan
atlantique, car c'étoit la dernière maison qu'il
étoit probable que nous rencontrerions dans
notre route. Elle est située sur une branche
du Camis-Berg, & suivant l'observation du
colonel Gordon, son élévation est de 20080
pieds au-dessus du niveau de la mer, & sa
latitude de 30 degrés.

Les Naturels nous engagèrent avec instances
de ne pas pénétrer plus avant, & nous dirent
que nous ne trouverions que des déserts
absolument inhabitables, & que nous n'y
verrions ni hommes ni animaux, que l'eau
étoit extrêment rare, & que nous trouverions
à peine de l'herbe pour la nourriture de nos
bêtes de somme. Malgré des avis si décou-
rageans nous nous déterminâmes à pénétrer
aussi avant qu'il nous seroit possible ; l'un de
nous partit quelques jours avant l'autre avec
promesse de nous retrouver, s'il étoit
possible, à l'embouchure de la grande Rivière.
En conséquence le colonel Gordon nous quitta

Juillet
1779.

& continua fon voyage comme il l'avoit pro-
jeté , fans aucun guide ; car les Naturels
refusèrent abfolument de nous accompagner.
Le jour fuivant , après beaucoup de peines ,
je parvins à déterminer un des Naturels , plus
hardi & plus entreprenant que les autres , à
venir avec moi , & je lui en marquai ma
fatisfaction en lui donnant quelques perles &
du tabac. Nous étions encore accompagnés
du frère de mon compagnon de voyage
Jacob Van-Renan , qui avoit été à l'eft , à la
chaffe des éléphans.

Août
1779.

Le 1er août nous partîmes de cet endroit ,
& l'on nous fournit un nouvel attelage. Le
lendemain de notre départ nous allâmes à
environ 10 milles à l'extrémité occidentale
de la montagne , d'où nous aperçûmes
l'atlantique à environ 40 milles de diftance.
Là je raffemblai plufieurs plantes , telles que
ixias , gladiolus , &c.

Nous defcendîmes , avec beaucoup de peine ,
la montagne qui eft prefque à pic & très-
raboteufe ; & vers le foir du fecond jour nous
arrivâmes près d'une fontaine d'eau faumâtre.
Le fol dans cette partie du pays eft une argile
fablonneufe.

Nous traversâmes enfuite une plaine fablonneufe où je trouvai une grande variété de

plantes ; mais comme la plupart d'entre elles renfermoient beaucoup de fucs , il me fut impoffible d'en conferver d'échantillons parfaits. Dans la foirée nous vîmes de la fiente d'éléphans ; & fur le foir nous arrivâmes à un roc creux où nous trouvâmes de l'eau en abondance. Au nord & au fud font de hautes montagnes de figure conique & couvertes d'aloès-dichotoma.

Dans l'après-midi du lendemain nous conti-nuâmes notre route à travers des terres fablonneufes. Pendant la nuit nous traver-sâmes plufieurs endroits dangereux , & nous diftinguâmes la trace des lions , ce qui nous obligea de refter toute la nuit dans un marais d'eau faumâtre. Ce voyage n'étoit guère fait pour nous promettre des plaifirs ; nous conti-nuâmes cependant notre route au nord , auffi-tôt que le jour commença à poindre , le long d'un lit de fable épais , entre deux précipices. Ce fable eft entraîné par la violence des torrens occafionnés par les pluies qui y tombent pendant l'été ; mais lorfque nous y pafsâmes , le terrain étoit prefque entièrement à fec , & le peu d'eau que nous trouvâmes étoit falée. Dans plufieurs endroits où l'eau avoit féjourné , il y avoit une quantité confidérable d'excellent fel. Le foir nous arrivâmes à la Confie ou rivière de Sable ; nous nous trouvions à environ 10

milles de l'Océan atlantique, où la rivière de
Sable fe décharge. Les bords de cette rivière
nous fournirent d'excellent fourrage pour notre
bétail, & comme il étoit très-fatigué, nous
convînmes de refter quelques jours dans cet
endroit & de parcourir le pays adjacent pour
y chercher des plantes.

Pendant notre féjour dans ce lieu un de mes
Hottentots, qui avoit grimpé jufques fur le
fommet de la montagne, nous dit qu'il avoit
vu à environ 3 milles à l'oueft, deux chariots
que nous jugeâmes être ceux du colonel Gordon.
Peu après je reçus une lettre de lui, & nous
continuâmes notre route vers la fontaine des
Rhinocerods. La rivière eft fréquentée par
une grande quantité de poules. d'eau de
diverfes efpèces, & nous prîmes beaucoup de
plaifir à leur donner la chaffe. Nous remarquâmes parmi ces oifeaux aquatiques beaucoup
de flamingos de deux efpèces, dont l'une
étoit beaucoup plus petite que l'autre. Nous
reftâmes deux jours dans cet endroit, & nous
fîmes plufieurs courfes le long du rivage, où
nous remarquâmes les plus belles couches de
rochers que j'aye jamais vus. Il y en avoit
de blancs comme de la neige, & d'autres
veinés de rouge & de diverfes couleurs, que
nous prîmes pour une forte de quartz. Nous
vîmes

vîmes dans cet endroit plufieurs huttes faites
de côtes de baleine , & d'autres d'os d'éléphans ;
mais il n'y avoit pas d'apparence qu'elles
euffent été habitées depuis plufieurs années.

Le compagnon du colonel Gordon & les
deux Van-Renan , informés que l'on voyoit
un troupeau d'éléphans à quelque diftance au
nord , nous quittèrent. Le 7 , nous dirigeâmes
notre courfe vers l'embouchure de la rivière
où fe trouve un grand lac qui communique
à la mer : nous efpérions y faire une bonne
pêche ; mais les plus beaux poiffons que nous
prîmes n'étoient pas plus gros que des éperlans.
Dans l'après-midi , après avoir tué quelques
canards fauvages , nous retournâmes au chariot.
Nos compagnons revinrent dans la foirée , les
éléphans ayant quitté l'endroit où on les avoit
vus.

Nous dirigeâmes enfuite notre courfe au
nord à travers un pays fablonneux. Nous
avions marché toute la journée , & à la nuit
notre guide nous informa que nous n'étions
pas à moitié chemin de la première rivière ,
& que comme il faifoit très-obfcur il ne fe
rifqueroit pas à nous conduire à travers les
dunes fablonneufes qui fe trouvent le long du
rivage & qui s'étendent plufieurs milles à l'eft.
Nous nous déterminâmes en conféquence à

L

nous arrêter jufqu'à ce qu'il fît jour , & auffi-tôt que le jour commença à poindre nous nous remîmes en marche dans le pays le plus aride de tous ceux que j'avois parcourus. Plufieurs de nos Hottentots fe plaignoient vivement & vouloient abfolument s'en retourner chez eux. Après avoir marché toute la journée, la nuit arriva fans que nous puffions diftinguer la moindre apparence d'eau. Le pays paroiffant par-tout également fec, nous confultâmes notre guide qui parut très-embarraffé, & qui étoit incertain fi nous avions paffé ou non l'endroit où il y avoit de l'eau. Nous convînmes tous de partir avec notre guide pour tâcher de trouver de l'eau, ayant laiffé le foin des chariots à un domeftique du colonel Gordon ; nous prîmes avec nous feulement quelques bouteilles pour les emplir d'eau fi nous avions le bonheur d'en découvrir, & les envoyer à nos Hottentots qui en manquoient depuis deux jours. Après une courfe d'environ 4 milles nous trouvâmes une fontaine fur le rivage où le reflux fe portoit. Cette eau étoit très-défagréable au goût, & il y en avoit fi peu qu'elle put à peine fuffire pour nous & pour nos chevaux. Le colonel Gordon & un Hottentot, après avoir bu de cette eau en très-petite quantité, retournèrent à nos bagages en emportant avec eux en moindre quantité encore pour nos domeſtiques : quant à nous nous reſtâmes près de la fontaine ; nous y tuâmes quelques flamingoës que nous mangeâmes. Vers minuit un de nos Hottentots, qui avoit été abſent pendant deux jours, arriva ; il avoit tué un chamois mâle, dont il apporta une partie ; nous trouvâmes que c'étoit un excellent manger.

Le jour ſuivant nous fîmes une excurſion le long de la côte, qui eſt baſſe & rocailleuſe, & qui offre un reſſac ſi fort qu'il ſe briſe à environ 4 milles de terre. Nous tentâmes de pêcher dans pluſieurs endroits, mais ſans ſuccès ; nous nous contentâmes de ramaſſer des moules dont ce rivage eſt couvert, & nous tuâmes dans les petites baies ou criques, qui s'enfoncent dans les terres, un bon nombre de canards ſauvages. Leur chair étoit ſi huileuſe que nous la trouvâmes infiniment déſagréable au goût. Dans mes recherches botaniques, j'ai trouvé une grande variété de mezembrian-themum dont je n'avois encore jamais vus auparavant.

Après avoir rempli quelques tonneaux vides, nous pourſuivîmes le jour ſuivant notre route au nord. Le colonel Gordon & moi nous quittâmes le chariot à dix heures du matin, & marchâmes le long du rivage où nous vîmes plufieurs huttes. Autour de ces huttes on voyoit un grand amas de coquilles, ce qui nous fit fuppofer que les habitans fubfiftoient uniquement de ces coquillages. A environ un mille du rivage nous aperçûmes une petite île où nous remarquâmes des pièces de bois enfoncées dans la terre ; mais nous n'y aperçûmes aucunes cabanes, & par la grande quantité de veaux marins qui rodoient à l'entour, nous fûmes convaincus qu'elle étoit alors abfolument inhabitée. Le long du rivage il y avoit un grand nombre d'os de veaux marins. A neuf heures du foir nous reconnûmes que nous étions égarés, & notre guide nous confeilla de refter où nous étions jufqu'à ce qu'il fît jour. Ce même jour le compagnon du colonel Gordon nous avoit quitté, en promettant de fe rendre fur le foir auprès des chariots. Nous fîmes en conféquence de grands feux pour qu'il pût difcerner où nous étions, mais ce fut en vain : nous attachâmes nos bêtes de fommes dans l'endroit où nous étions & nous y reftâmes toute la nuit.

Le matin fuivant nous continuâmes notre route au nord à travers des terres fablonneufes. Nous obfervâmes à l'eft une haute chaîne de collines élevées, toutes formés du fable raffemblé par les vents du fud-eft qui foufflent

Août
1779.

ici continuellement. A midi nos obfervations nous donnèrent 29 degrés 5 minutes de latitude. Nous quittâmes alors les bagages & nous continuâmes notre route le long du rivage qui étoit fort élevé. Dans les rochers les plus hauts nous trouvâmes plufieurs coquilles pétrifiées, dont quelques-unes fe trouvoient à plus de 150 pieds au-deſſus du niveau de la mer.

Les bêtes de fomme du colonel Gordon commençoient à tomber d'inanition, n'ayant eu ni herbe ni eau pendant deux jours ; mais mes charretiers continuèrent leur route, & fans que je le fuſſe laiſsèrent les autres bien loin derrière. A neuf heures du foir nous dépaſsâmes mon chariot, & nous apprîmes que nos gens s'étoient confultés fur ce qu'ils devoient faire & s'ils retourneroient ou non fur leurs pas, ne confervant pas la moindre efpérance de trouver de l'eau. Ils penfoient que M. Pinar, le compagnon du colonel Gordon, s'étoit perdu & il doutoit fort que nous entendiſſions jamais parler de lui. Vers les dix heures un de nos Hottentots que nous avions laiſſé avec le bagage, mais qui s'en étoit écarté le premier jour, arriva avec la fatisfaifante nouvelle qu'il avoit trouvé une fontaine d'excellente eau à environ 6 milles au nord, & dont il avoit apporté un peu dans une calebaſſe. Cela nous

L 3

ranima , & le lendemain matin le colonel Gordon & Jacobus Van-Renan retournèrent au bagage , tandis que nous nous rendîmes à la fontaine que nous atteignîmes à neuf heures. Les autres n'y arrivèrent qu'à midi. Cette fontaine nous fournit non-feulement de bonne eau , mais encore d'excellent fourrage & un grand nombre de plantes graffes , tels que des geraniums , des ftapelies & des mezembryan-thimum. Elle eft fituée entre deux précipices effrayans.

Nous reftâmes un jour entier dans ce lieu pour faire repofer nos chevaux & nos bœufs, & pendant ce temps le colonel Gordon & moi, nous allâmes jufqu'au bord de la mer , éloignée d'eviron 9 milles. Nous y vîmes plufieurs grands mimofas qui avoient été renverfés par l'océan , & il s'en trouvoit à la diftance d'un mille de la mer , qui étoient abfolument enterrés dans le fable ; ce fut pour nous une raifon de conclure que nous n'étions pas fort éloignés de la grande Rivière.

Le 15 , nous marchâmes vers le nord , & avec beaucoup de peine & de fatigue nous fîmes environ 10 milles à travers un pays fablonneux: Nous remarquâmes dans la route des pas d'homme qui paroiffoient fi nouveaux que nous jugeâmes qu'il avoit paffé quelqu'un dans

cet endroit ce jour même ou au moins le jour
précédent. Nous nous flattâmes que ce pouvoient être quelques-uns des Hottentots qui
fuivoient M. Pinar. Pendant la nuit nous
allumâmes des feux pour fervir de fignal ; mais
on n'y répondit pas , ce qui pouvoit être regardé
comme une preuve que ces marques pro-
venoient des fauvages. Nous fûmes bientôt
confirmés dans cette opinion par la trouvaille
que nous fîmes d'une peau de veau marin ,
qui venoit d'être tué. Nous avions alors perdu
tout efpoir de revoir M. Pinard , étant féparés
de lui depuis quatre jours dans des déferts
abfolument ftériles , & fans avoir pu découvrir
où il avoit porté fes pas.

Pendant la journée du lendemain nous marchâmes vers le nord , & à midi nous fran-
chîmes deux montagnes que nous voyions
depuis deux jours. Etant fituées à une très-
petite diftance l'une de l'autre , & ayant
entre elles beaucoup de reffemblance , foit par
leur forme , foit par leur élévation , nous leur
donnâmes le nom des *deux Frères.* Dans ces
régions d'horreur & de défolation il n'y avoit
perfonne qui pût nous difputer le droit de
donner le nom que nous voulions aux objets
qui fe préfentoient à notre vue. Au nord à
environ 3 milles de l'endroit où nous étions,

L 4

nous découvrîmes une grande vallée; mais y étant allés, nous n'y trouvâmes point d'eau. Le colonel Gordon donna à cette vallée le nom de *Vallée de Benting*. Nous fûmes obligés d'y passer la nuit, nos bêtes étant si fatiguées qu'il leur eût été impossible d'aller plus loin. Notre guide nous assura alors que nous n'étions plus qu'à environ 8 milles de la rivière.

De bonne heure dans la matinée du lendemain le colonel Gordon, Jacob Van-Renan & moi, nous quittâmes les chariots & continuâmes notre route. Nous trouvâmes sur notre passage un nid d'autruche contenant trente - quatre œufs frais qui nous parurent excellens. Nous vîmes aussi des zébres, des quachas & des élans. A dix heures du matin nous arrivâmes à la rivière, & nous crûmes dès-lors nous trouver dans un nouveau monde, après avoir passé neuf jours à travers un désert aride & brûlant, où l'on ne pouvoit voir aucun animal vivant, & pendant lesquels les bêtes de somme que nous avions avec nous n'avoient eu à boire que deux fois. Ayant défellé nos chevaux, nous nous reposâmes sur le bord de la rivière à l'ombre d'un faule qui étendoit fes branches jusques fur le courant. Nous parcourûmes enfuite fes rives à l'est, dans l'efpoir de découvrir des traces du malheureux compagnon de voyage que nous avions perdu depuis sept jours. Nous vîmes plusieurs vieilles cabanes inhabitées qui contenoient un grand nombre d'os de singes & d'autres animaux sauvages. A mille pas environ des bords de la rivière le sol est absolument stérile, & à l'est il est très-montueux ; on voit à peine sur ses éminences la moindre apparence de végétation ; mais dans la partie plate du pays, à l'ouest, je vis une grande variété des plus belles plantes , particulièrement des geraniums & des asclépias, & très-peu de plantes grasses. Les bords de la rivière produisent des arbres fort élevés qui sont particuliers au pays ; tels que le mimosa, le saule & une espèce de rhus, appelée par les Hollandois *rezyne-houd*. Il y a aussi quelques arbres d'ébène ; mais cette espèce croît en beaucoup plus grande abondance à l'est. Dans l'après-midi nos bagages n'étant point arrivés, nous retournâmes sur nos pas & nous reconnûmes que nos gens avoient pris une autre route ; nous suivîmes leurs traces & les atteignîmes près de l'embouchure de la rivière.

Dans la soirée nous lançâmes le bateau du colonel Gordon & nous hissâmes le pavillon Hollandois. Le colonel Gordon proposa d'abord de porter la santé des Etats , & ensuite celle du prince d'Orange & de la Compagnie ; &

il donna enfuite à la rivière le nom de *rivière d'Orange*, en l'honneur de ce prince. Nous convînmes de refter là quelques jours & de vifiter la rive oppofée ; rien ne nous en empêchoit puifque nous avions de l'eau & de bons pâturages en grande abondance pour nos animaux.

Nous pafsâmes la journée du lendemain à pêcher, & vers le foir nous eûmes l'extrême fatisfaction de revoir M. Pinar, que nous regardions comme abfolument perdu, & qui revint avec trois Hottentots. Ils paroiffoient extrêmement malades, ayant marché pendant cinq jours dans des déferts arides & brûlans, & en graviffant des collines de fables & des montagnes de rochers aigus, fans avoir pu prendre de nourriture & fans eau. Le cinquième jour ils avoient découvert une petite fontaine, où ils laifsèrent un Hottentot qui étoit telle-ment épuifé par le befoin & la fatigue, qu'il n'y avoit pas d'efpoir qu'il pût vivre encore un jour. M. Pinar avoit l'air beaucoup moins maltraité par cette marche fâcheufe que les Hottentots ; leurs yeux étoient abfolument rentrés dans la tête, & ils paroiffoient plutôt des fpectres que des hommes vivans.

Le 19, nous fîmes une excurfion le long du rivage & nous trouvâmes en affez grande quantité des oies & des canards fauvages, des flamingoès, des pélicans, &c. La terre forme un point aplati qui s'étend de l'embouchure de la rivière au nord-ouest un demi-rumb à l'ouest. Les deux Frères nous restoient au fud-est-quart-de-fud à la distance d'environ 12 milles. L'embouchure a environ un demi-mille de largeur, mais elle est fermée par une chaîne de rochers qui se trouve à un mille du rivage à l'est & à l'ouest, & qui ôte aux vaisseaux la possibilité d'entrer dans la rivière. La terre est extrêmement basse & stérile; à l'ouest ce n'est que du fable, & à l'est des rochers. Dans cette soirée le Hottentot que nous croyions mort vint nous rejoindre.

Le 20, je traversai la rivière, accompagné du colonel Gordon, & nous quittâmes enfuite le bateau pour faire une excursion à l'occident. Nous remarquâmes dans notre route la trace d'un pied d'homme qui paroissoit fraîchement faite. Nous suivîmes cette trace, & nous rencontrâmes plusieurs pièges placés pour prendre des bêtes sauvages. Après avoir marché environ 5 milles au nord nous aperçûmes quelques Naturels fur une éminence sablonneufe à environ un mille de nous. Nous leur fîmes des signes, mais ils paroissoient tout-à-fait fauvages & s'enfuirent. Nous continuâmes à suivre leur

trace & nous arrivâmes à leur habitation ; mais
nous ne fûmes pas plus heureux dans le deſſein
que nous avions formé d'avoir un entretien
avec eux. Toute la horde prit la fuite auſſitôt
qu'elle nous aperçût, & il ne reſta qu'un
petit chien qui paroiſſoit également effrayé à
la vue d'un Européen. Nous fîmes une pauſe
dans cet endroit & nous examinâmes leurs
huttes : nous trouvâmes pluſieurs eſpèces de
plantes aromatiques que ces ſauvages font
ſécher & quelques peaux de veaux marins.
Leurs cabanes font en général beaucoup mieux
faites que celles des Hottentots ; ils les tiennent
plus élevées & couvertes d'herbes. Nous y vîmes
des ſiéges faits d'arêtes des jeunes baleines,
& il y avoit des poiſſons de diverſes eſpèces
ſuſpendus à des poteaux plantés en terre. N'ayant
rien ſur nous que nous puſſions regarder
comme un préſent qui dût leur être agréable,
le colonel Gordon coupa les boutons de ſon
habit & les dépoſa parmi les plantes aromatiques qui ſéchoient. Au même inſtant nous
revîmes les Naturels au même endroit où ils
étoient lorſque nous les découvrîmes d'abord.
Nous recommençâmes à faire tous les ſignes
poſſibles pour les engager à nous laiſſer approcher
& nous leur dépéchâmes un de nos Hottentots
qui leur parla & les aſſura que nous n'avions

Août 1779.

pas intention de leur faire le moindre mal.
Après quelques momens le colonel Gordon
marcha vers eux tandis que je reſtai à leur
habitation avec les fuſils , & enfin après
beaucoup de peine il les perſuada de retourner
à leur *Kraal.* Ils étoient au nombre de onze, &
les ſeuls Naturels qui habitaſſent cette partie
du pays. Nous nous informâmes s'ils connoiſſoient d'autres nations ; mais ils ne purent nous
donner aucun renſeignement & ne nous par-
lèrent que des Nimiquas , d'où nous revenions.
Une femme Nimiqua qui étoit avec eux , fut
la ſeule de cette petite horde qui eût entendu
parler des Européens. Quoique ſi peu nombreux
ils ſe reconnoiſſoient ſoumis à un chef nommé
Cout. Leur manière de vivre eſt on ne peut
plus malheureuſe , & de toutes les tribus de
Hottentots , on peut croire que ceux-ci ſont
les plus ſales. Leur vêtement eſt fait de peaux
de veaux marins & de jackals , & ils en
mangent la chair. Quand il leur arrive d'at-
traper une jeune baleine & de l'amener ſur le
rivage , ils y tranſportent leur demeure &
ſubſiſtent de ſa chair auſſi long-temps qu'il
en reſte. Ce poiſſon leur fournit ſouvent des
alimens pour ſix mois, quoiqu'il ſe corrompe
& ſe putréfie par l'effet des rayons du ſoleil.
Ils ſe frottent la peau avec de l'huile de baleine,

ce qui rend leur odeur si forte que long-temps
avant de les voir on peut les sentir. Ils portent
leur eau dans des coquilles d'œufs d'autruches
& dans les vessies de veaux marins qu'ils
tuent à coup de flèches. Leurs arcs sont de la
même sorte que ceux de tous les autres
Hottentots.

Vers le soir nous retournâmes à notre
bateau, accompagnés de quatre Naturels. Nos
compagnons avoient passé toute la journée à
pêcher avec assez de succès. Nous donnâmes
une partie du poisson qu'ils avoient pris à nos
hôtes, qui le reçurent avec reconnoissance,
& reprirent ensuite le chemin de leur habitation.
Nous nous disposâmes ensuite à faire traverser
la rivière à notre bagage ; mais la nuit étant
très - obscure, notre bateau surchargé, &
en outre le chemin que nous devions tenir
nous étant absoument inconnu, nous nous
laissâmes aller dans les ressacs à l'embouchure
de la rivière, & peu s'en fallut que nous ne
périssions. Pendant plus d'une demi - heure
nous fûmes dans le plus grand danger, mais
un de nos Hottentots observant les feux
allumés par nos compagnons, nous retrouvâmes bientôt notre route.

Le jour suivant nous parcourûmes le pays
adjacent, mais nous ne trouvâmes que peu

de plantes autres que des geraniums. Le jour fuivant nous repaſsâmes la rivière pour voir s'il y avoit quelque poſſibilité de continuer notre route à l'eſt ; mais les Naturels ne purent nous donner à cet égard aucun renſeignement ſatisfaiſant. Nous remarquâmes que tous ces ſauvages avoient la jointure du petit doigt coupée. La raiſon qu'ils en donnent eſt que c'eſt un remède excellent pour une maladie particulière à laquelle ils ſont ſujets dans leur jeuneſſe.

Le dernier jour que nous nous étions propoſés de paſſer ſur cette partie du bord de la rivière , nous nous amuſâmes à pêcher & reçûmes la viſite des habitans. J'obſervai qu'ils mangeoient de très-bon appétit les vieux ſouliers que quelques-uns de nos Hottentots leur donnèrent. Les ſouliers dont les Naturels ſe ſervent ſont faits d'un morceau de cuir qui ne leur garantit que la plante des pieds , & ſont attachés à l'orteil & à la cheville. Comme nous voyions le long du rivage un grand nombre de huttes qui étoient inhabitées , & que nous ne trouvions que onze perſonnes dans le pays, nous jugeâmes qu'il en avoit péri beaucoup par quelque accident : ceux qui reſtent ſont nommés *Boshmen* du rivage.

Suivant les obſervations les plus exactes ,

nous avons déterminé la latitude de l'embouchure de la rivière à 28 degrés 33 minutes ;
la longitude eft à peu près la même que celle
du Cap.

Dans la matinée du 25 nous pourfuivîmes
notre route à l'orient, en longeant le bord
de la rivière, étant informés que nous y trouverions beaucoup d'hyppopotames ; nous en
vîmes même un très-près de nous ; mais nous
avions laiffé nos fufils avec le bagage, ce qui
nous fâcha beaucoup, car nous avions à peine
quelques provifions pour nos Hottentots. Nous
continuâmes toujours notre route dans la
même direction, raffemblant diverfes plantes.

Dans l'après-midi nous rencontrâmes Jacob
Van-Renan qui s'étoit avancé à environ fix
milles à l'eft, & n'avoit aperçu que les traces
de trois hippopotames, qui paroiffoient nouvelles, & qu'il croyoit avoir pris le chemin
de l'embouchure de la rivière : lui ayant indiqué où pouvoit être celui que nous avions
vu, il le pourfuivit, lui tira plufieurs coups de
fufil, mais aucun ne le bleffa mortellement.

Le foir, Sébaftien Van-Renan & M. Pinar
fe rendirent près du bagage, & nous dirent
qu'ils avoient aperçu beaucoup de lions à
environ douze milles à l'orient, attroupés
autour du corps d'un éléphant que M. Pinar
avoit

avoit tué pendant le temps qu'il étoit féparé
de nous. .

Nous marchâmes toujours vers le même
point, fur un fol montueux & tout-à-fait ftérile : les éminences étoient découvertes &
préfentoient l'image d'un monceau de ruines,
& l'on ne pouvoit y apercevoir la plus petite
plante. Dans les parties baffes on trouvoit çà
& là quelques poignées d'herbes. Nous jugeâmes donc que nous perdrions notre temps
à vouloir aller plus avant : nous convînmes
de refter quelques jours où nous étions, &,
s'il étoit poffible, de tuer du gibier pour notre
provifion, pendant le voyage que nous allions
faire à travers les contrées arides & dénuées de
tout, que nous avions à parcourir. M. Pinar
voulut cependant effayer de voyager encore à
l'eft, & prit avec lui cinq Hottentots armés
de fufils. Pendant ce temps nous reftâmes
tranquilles où nous étions, & je cueillis une
plante dont les Naturels fe fervent pour faire
du feu par le moyen du frottement; elle eft
de la claffe des *Tetrandria monyginia*, & la
même que j'avois vue à 100 mille plus à l'eft,
fur le bord de la même rivière, dans le voyage
que j'y avois fait l'année précédente.

Le 27, nous envoyâmes nos Hottentots à la
chaffe, tandis que je m'occupai à raffembler

M

des plantes. L'un d'eux revint avec un cerf
qu'il avoit tué, & fur lequel nous vécûmes
pendant trois jours : Jacob Van-Renan bleſſa
un hippopotame, mais il nagea juſque ſur la
rive oppoſée, où il ne fut plus poſſible de
l'approcher.

Le 28 août, nous préparâmes toutes choſes
pour notre départ, & le 29 au ſoir nous
quittâmes la rivière, nous propoſant de marcher pendant la nuit pour moins fatiguer
nos animaux. Après un trajet d'environ trois
heures, nos chiens attaquèrent une troupe de
zèbres qui étoit à peu de diſtance de notre
bagage ; ils ne paroiſſoient point farouches,
& nous en tuâmes deux : cette opération nous
retint environ une heure ; ayant emporté une
partie de leur chair, nous la trouvâmes excellente. En franchiſſant les deux Frères, nous
vîmes un feu que nous ſuppoſâmes allumé par
trois Hottentots qui nous avoient quitté dans
la matinée : nous marchâmes juſqu'à quatre
heures du matin, & alors nous dételâmes nos
taureaux, pour les laiſſer parcourir en liberté
une plaine aride & ſablonneuſe.

Pendant la journée du 31, nous continuâmes notre route, & atteignîmes le Deepe-
Kloaf ou Val-d'Eau où nous reſtâmes ; &
dans la ſoirée du jour ſuivant, nous conti-

nuâmes à voyager jufqu'à deux heures du matin. Le lendemain nous arrivâmes à la Grande Fontaine ou Fontaine de Mer : chemin faifant, nous tuâmes plufieurs ferpens, un entr'autres appelé *le Serpent à cornes* : ce reptile a de douze à dix-huit pouces de longueur, & on le confidère comme très-venimeux.

Le 3 feptembre, nous pourfuivîmes notre route à travers le défert; mais nous fûmes obligés de faire alte pour donner à nos bœufs le temps de fe repofer : ils étoient fi fatigués, qu'il nous fut impoffible de pouffer plus loin, lorfque nous fûmes arrivés à environ 12 milles du Coufie ou la *Rivière de Sable*.

Le 4, nous continuâmes notre marche vers le foir, & nous arrivâmes le matin à la rivière où nous reftâmes tout le jour & le lendemain, pour laiffer profiter nos bœufs & nos chevaux de l'excellent pâturage qui fe trouve fur fes bords.

Le 6, nous nous rendîmes à la petite Nimiqua, & nous nous arrêtâmes pour paffer la nuit fur le bord de la même rivière, à environ 8 milles à l'eft de la fontaine des Rhinocéros, que nous avions vifitée auparavant. Nos provifions commençoient à diminuer; un de nos Hottentots déterminé, malgré cette circonf-

M 2

tance, à ne pas fe priver de fon repas, trouva moyen pendant la nuit de voler les fouliers de fes camarades, & les dévora.

De là, nous nous rendîmes à la fontaine de Cock, où nous arrivâmes le 11; nous y fûmes vifités par plufieurs Nimiquas, qui nous apportèrent du lait que nous reçûmes avec reconnoiffance. Nous leur donnâmes du tabac & du dacka en retour. Pedro, notre guide, qui nous avoit quitté quelques jours auparavant, fe trouvoit parmi ces Hottentots : il y avoit auffi deux capitaines, dont l'un avoit une canne fur laquelle étoit gravé la date de 1705 & le nom de Vulcain; & l'autre, une canne femblable portant le nom de Jephté.

Dans la matinée j'envoyai un de nos Hottentots à Hermannias Engelbright, pour le prier de nous envoyer un nouvel attelage de bœufs, afin de nous mettre en état de gravir une côte prefque à pied, qui fe trouvoit fur notre route du lendemain.

A notre arrivée parmi nos amis, nous nous trouvâmes tout-à-fait ranimés; chaque chofe que nous voyions étoit pour nous une fource intariffable de plaifir. Nous venions de quitter un pays où l'homme n'étoit encore jamais allé, fi l'on en excepte quelques malheureux fauvages, pour entrer dans une contrée où nous rencon-

Septembre
1779.

trions des hôtes bienfaifans & des amis géné-
reux ; & après un voyage de fix femaines, à
travers des déferts ftériles & brûlans, nous
nous retrouvions dans une terre magnifique,
ornée des fleurs les plus belles & les plus
rares : ce contrafte étoit bien fait pour nous
caufer une joie infinie, & nous faire oublier
toutes nos fatigues, quoiqu'il ne fût pas inat-
tendu. La plûpart des plantes de ce pays
m'étoient parfaitement connues, telles que
Ixias, Gladiolus, Geraniums, & une grande
variété d'Orchis, (efpèce de gingembre), qui
croiffent dans les marais. Nous convînmes de
refter quelques jours dans cet endroit : pendant
ce temps je perdis mon compagnon, le colonel
Gordon, qui dirigea fa courfe à l'orient, pour
vifiter une nation appelée *les Briquas*, de la
tribu des Caffres. Mon intention étoit de continuer ma route au nord, de traverfer la
rivière d'Orange, & de vifiter la grande
Nimiqua. Pendant mon féjour dans ce lieu,
je fis plufieurs courfes le long des montagnes,
où j'ajoutai confidérablement à ma collection.

Nous perfuadâmes à Hermannias Eugel-
bright de nous accompagner dans le voyage
que nous projettions, & il prit avec lui trois
bons chevaux : nous dirigeâmes alors notre
courfe au nord par un chemin raboteux, faifant

M 3

plufieurs détours le long du Camis-Berg. Dans la foirée du 22 nous arrivâmes à un village Hottentot, confiftant en onze cabanes, & nous y pafsâmes la nuit.

Le jour fuivant nous continuâmes notre route jufqu'à la maifon d'un nommé *Vander-hever;* nous y reftâmes jufqu'au foir du lendemain où nous nous remîmes en marche. A minuit, nous atteignîmes la montagne de Cuivre ; l'eau dans cet endroit étoit imprégnée de fel.

Dans l'après-midi du 25, nous nous avançâmes jufqu'à la fontaine de la petite colline de Cuivre, où nous trouvâmes d'affez bonne eau. Je parcourus les éminences qui fe préfentoient à ma vue; elles portoient toutes un afpect âpre, & la plupart contenoient des mines de cuivre.

Nous marchâmes enfuite vers la petite fontaine falée, où nous vîmes des traces nouvelles de lions ; & nous nous rendîmes de là à la grande fontaine Saumâtre : nous y trouvâmes plufieurs Hottentots, qui avoient fait le voyage de la grande Nimiqua, pour échanger du bétail contre des grains de verre & du tabac. Ils nous dirent que la rivière étoit guéable, mais paroiffoit un peu groffie lorfqu'ils l'avoient quittée la véille. Nous reftâmes deux

jours dans cet endroit, & nous parcourûmes
pendant ce temps le pays adjacent, où je
trouvai plufieurs plantes qui m'étoient inconnues.

Nous dirigeâmes notre marche au nord-
quart-nord-eft, à travers une plaine fablonneufe; & après avoir parcouru environ 4
milles, nous rencontrâmes un très-gros rocher,
de forme conique, d'où fortoit une petite fontaine d'eau vive. Il y avoit plufieurs Hottentots
qui venoient de la rivière d'Orange : l'un d'eux
étoit un excellent tireur, & par cette raifon
nous le prîmes avec nous. Après avoir marché
jufqu'au lendemain, nous fûmes obligés de
nous arrêter pour faire repofer nos bêtes de
fomme, à environ 6 milles de diftance de
la rivière.

Le 1er octobre je quittai le bagage, & accompagné de M. Van-Renan & d'Engelbright, je
marchai vers la rivière : en y arrivant, nous
crûmes qu'il feroit facile de la paffer; mais
nous fûmes bientôt convaincus du contraire.
Nous prîmes alors le parti de diriger notre
courfe vers l'eft, & après quelques jours
nous arrivâmes à un village Hottentot, fitué
près d'un grand bois fur les bords de la rivière :
nous apprîmes là que le colonel Gordon étoit
à environ une journée de marche du lieu où

M 4

Octobre
1779.

nous étions, en prenant à l'orient, & qu'il
avoit intention d'y laisser son bateau : je lui
envoyai un des Hottentots, pour lui demandér
la permission de nous en servir, pour traverser la rivière qu'il n'étoit pas possible de
passer autrement ; mais avant le retour du
messager, la rivière étoit déja diminuée de
beaucoup.

Le 7, je m'avançai dans les bois ; je les
trouvai habités par une grande variété d'oiseaux
& de singes qui sont extrêmement farouches :
ils vivent de la gomme du Mimosa-Nilitico.
Nous vîmes plusieurs traces d'éléphans &
d'hippopotames. Le pays est par-tout également stérile ; le sol a une argile sablonneuse ;
les bords de la rivière me parurent couverts
de bons pâturages. Ici la rivière se divise en
trois branches qui ont chacune environ un
mille de large.

Nous aperçûmes plusieurs feux à l'orient,
& le 14 nous passâmes la rivière ; le courant
étoit si rapide que nous eûmes beaucoup de
peine à l'éviter. Nous avions mis tous nos
bagages sur des bœufs que nous avions loués
à cet effet des Hottentots : nous campâmes
pendant la nuit sous un grand ébène, à environ
huit milles au nord de la rivière.

Nous dirigeâmes notre marche à l'est-nord-

Octobre
1779.

eft à travers un pays montueux ; & à midi
nous traversâmes la rivière des Lions dont
les bords font en général habités par ces
animaux. Le pays eft extrêmement ftérile &
couvert de petites pierres aiguës, très-
incommodes pour les pieds de nos chevaux.
Dans la foîrée nous arrivâmes à une petite
fontaine d'eau falée où nous pafsâmes la nuit,
& le lendemain nous marchâmes dans une
gorge étroite entre deux montagnes fort
élevées. A midi nous vîmes plufieurs Naturels
qui recueilloient du miel fauvage. Ici je trouvai
une des plus belles plantes de l'efpèce de la
pentandria monogynia. Elle s'élève à fix pieds
de hauteur, & eft pleine de longs piquans
depuis la terre jufqu'à fa cime. Sa tête forme
une grande couronne de feuilles crifpées, &
garnie de fleurs rougeâtres, teintes de jaune
& de vert. Dans l'après-midi nous arrivâmes
à une fontaine d'eau faumâtre; nous y pafsâmes
la nuit ayant appris des Naturels qu'il y avoit
beaucoup de caméléopards dans le voifinage
& étant curieux d'en tuer un. Cet animal eft
fi peu connu des Européens, que l'on a été
jufqu'à douter fi ces animaux exiftoient.

Sur le foir je fis une excurfion fur une
montagne qui étoit à peu de diftance de nous.
Lorfque je fus parvenu à fon fommet j'aperçus

Octobre
1779.

pluſieurs Naturels auprès d'un bois de mimoſa ;
& je tentai de les approcher. Je les trouvai
à mon arrivée occupés à manger la gomme
des arbres , ce qui forme une grande partie,
de leur ſubſiſtance. Ils étoient habillés abſolument, comme les habitans de la petite
Nimiqua, les vêtemens de quelques-uns étoient
de peaux de jackals , (le jackal eſt un animal
de la groſſeur du renard , & qui ſuit le lion,
pour lequel il chaſſe aſſez ordinairement) &
ceux des autres , de peaux de marmottes
couſues enſemble , ces derniers animaux ſe
trouvant en très - grand nombre dans cette
partie du pays. Les habitations de ces hommes
étoient à environ trois milles de la fontaine
que je viſitai dans la ſoirée. Elles conſiſtoient
en ſix cabanes. Leurs brebis ſont très-diffé-
rentes de celles que l'on voit près du Cap.
Celles-ci ont des queues beaucoup plus longues
& ſont couvertes de poil au lieu de laine ,
ce qui , à une certaine diſtance , leur donne
plutôt l'apparence de chiens que de brebis.

Le 17, nous dirigeâmes notre courſe vers
le nord-eſt pour gagner une petite fontaine
d'eau vive , & nous prîmes avec nous quelques
naturels qui connoiſſoient le pays. A notre
arrivée nous fûmes obligés , pour trouver de
l'eau , de creuſér des puits dans le ſable. Ce

même jour nous parcourûmes le pays, qui eſt
élevé en pente douce. Nous avions de là vers
le ſud, une vue très - étendue de la rivière
d'Orange & au nord d'une grande plaine,
elle étoit bornée à environ quatre journées de
diſtance par une rangée de montagnes, dans
la direction de l'eſt à l'oueſt; & comme je l'ai
déja obſervé, il n'y a point de deſcente ſur le
côté de ces montages qui regarde l'intérieur
des terres, qui puiſſe en adoucir la hauteur
en venant du côté de la mer. C'eſt en général
une grande plaine qui s'incline en une pente
preſqu'inſenſible juſqu'au pied des montagnes
voiſines. Par ce moyen plus le voyageur
parcourt de terrain, plus il ſe trouve élevé.
Ces montagnes, ainſi que nous l'avons appris,
font partie des Brenas ou Brequas. Il croît
dans cette plaine une eſpèce de mimoſa particulière à cette partie du pays, & un magnifique arbuſte appelé l'*abricotier ſauvage.* Je ne
pus pas me procurer d'échantillon parfait de
ce dernier, le fruit étoit alors à ſon dernier
degré de maturité. Cette contrée eſt fréquentée par les zèbres, les rhinocéros, les
caméléopards, les koédoés, &c.

Nous laiſsâmes repoſer nos chevaux toute
la journée, nous propoſant de porter enſuite
nos pas vers l'oueſt - nord - oueſt à un bain

chaud. Nous vîmes dans notre route fix caméléopards que nous pourfuivîmes , & M. Van-Renan , mon compagnon , en tua un , qui fe trouva être un mâle. J'en ai confervé la peau & le fquelette ; fes dimentions étoient,

	pieds	pouces	
Hauteur , dans fa pofition naturelle , depuis le fabot jufqu'à la pointe des cornes,	14	9	
Du fabot à l'épaule ,	9	7	$\frac{1}{2}$
Du fabot de derrière au croupion ,	8	1	$\frac{1}{2}$
Longueur des jambes de devant ,	5	7	
Longueur des jambes de derrière ,	5	6	$\frac{1}{2}$
Longueur de la crinière depuis la tête jufqu'aux épaules ,	5	2	$\frac{1}{2}$
Longueur du corps depuis l'épaule jufqu'au croupion ,	5	9	
Circonférence de la partie inférieure du col ,	5	0	
Id. dans la partie du milieu ,	2	10	
Id. près de la tête ,	2	1	
Longueur du col ,	5	3	
Longueur de la queue fans le poil ,	2	9	$\frac{1}{2}$

Octobre
1779.

	pieds	pouces	
Id. avec le poil,	4	10	1/2
Largeur du sabot de derrière,	0	5	1/2
Longueur,	0	8	1/4
Largeur du sabot de devant,	0	5	3/4
Longueur,	0	8	3/4
Longueur des cornes,	1	0	1/2
Distance entre les cornes,	0	3	

La longueur des poils de la crinière est de trois à quatre pouces, & sa couleur est rougeâtre (1). Ces animaux tirent leur subsistance principale du mimosa & de l'abricotier sauvage. Leur couleur est en général rougeâtre ou d'un brun foncé mêlé de blanc. Il y en a aussi de noirs & blancs. Leurs pieds sont fourchus ; ils ont quatre mamelles ; leur queue ressemble à celle du taureau, mais ils en ont le poil beaucoup plus fort & en général noir. Ils ont huit dents sur le devant de la machoire inférieure, & point à la machoire supérieure, & six mâchelières ou doubles dents de chaque côté au dessus & au dessous. Leur langue est pointue & rude. Leur pied n'est point garni de houpes de poil. Cet animal est assez pesant,

(1) La peau de cet animal a été remplie, & appartient aujourd'hui au *Sieur* Jolen-Hunter, demeurant dans Leicester-Squarre.

mais il peut fournir une longue marche fans
s'arrêter , & c'eft vraifemblablement par cette
raifon que l'on en tue fi peu. Le terrain eft
tellement rempli de pierres aiguës qu'un
cheval eft ordinairement boiteux avant de
pouvoir en approcher à la portée du fufil.
C'eft ce qui nous arriva , fans quoi j'aurois
rapporté deux échantillons parfaits d'un mâle
& d'une femelle. Il eft difficile de les diftinguer à une certaine diftance , vu que la longueur de leur corps , jointe à celle de leur
cou , les fait paroître comme un arbre mort.
Pendant notre féjour dans cet endroit mes
compagnons blefsèrent deux rhinocéros.

Le lendemain j'aperçus des nuées d'orage
à l'eft , & craignant que la rivière ne s'enflât
de nouveau , nous nous déterminâmes à
retourner le même jour à notre bagage. Les
Naturels nous confirmèrent encore dans
l'idée de hâter notre départ en nous difant ,
qu'après avoir vu ces nuages à l'eft , ils avoient
fouvent trouvé la rivière impraticable en deux
jours , & qu'elle étoit reftée dans cet état
jufqu'au mois de Mai. Dans la foirée du 21
nous traversâmes la rivière , & nos Hottentots
avec nos bagages arrivèrent le 22.

Nous reçûmes dans cet endroit la vifite de
quelques Hottentots-Bush qui étoient venus

de l'eft, & ce fut auffi là que nous nous fépa-
râmes de notre compagnon Hermanius-
Engelbright qui partit devant nous.

Aprés avoir féjourné quelques jours fur les
bords de la rivière, nous difposâmes notre
bagage dans l'intention de continuer notre
route ; mais ayant été accueillis d'un orage
qui venoit du fud-oueft , nous fûmes obligés
de tenir notre ftation pendant toute la nuit.
Cette tempête commença à midi & dura jufqu'à minuit. Pendant cet efpace de temps ,
le vent renverfa plufieurs grands arbres &
entraîna des pierres énormes qui roulèrent
avec fracas dans le fond de précipices affreux.
Lorfque l'orage fut appaifé nous nous mîmes
en marche pour la Petite-Nimiqua , où nous
arrivâmes après un voyage de cinq jours chez
notre compagnon Engelbright, qui nous dit
qu'un de fes chevaux avoit été dévoré par un
lion , le lendemain du jour où il nous avoit
quittés. Nous reftâmes là quelques jours pour
nous rafraîchir & laiffer à nos animaux de
trait le temps de fe repofer.

Le 4 novembre nous prîmes congé de
notre hôte , & nous dirigeâmes nos pas
vers le Bockke-Veld , nous arrêtant de temps
à autre pour chercher des plantes.

M. Van-Renan & moi nous quittâmes le

bagage le 10 , & dans la même foirée nous
arrivâmes chez Mme Ryck. Le lendemain
nous envoyâmes des bœufs de trait à nos
chariots qui arrivèrent dans la foirée du 11.
Après avoir fait quelque féjour dans ce lieu ,
nous continuâmes notre route au nord - eft ,
dirigeant nos pas vers la terre de Boshmens.
Nous arrivâmes le foir à la maifon de Jacobus
Van-Renan , où fe trouvoient environ trente
Hottentots qui avoient fait la paix avec les
Hollandois. Ceux-ci avoient été retenus à leur
fervice & fe font montrés plus fidèles que ceux
qui avoient été foumis aux Hollandois.

Dans la matinée nous changeâmes un peu
notre route & nous prîmes au nord. Le foir
nous arrivâmes à une fontaine d'eau falée ,
fituée près d'une rivière appelée par les Hottentots *Rivière de Camdinie.* Informés qu'il y
avoit dans cet endroit un bon nombre d'animaux de l'efpèce de l'antelope, appelés *Spring-
Bocks ,* nous y pafsâmes la nuit pour avoir le
plaifir de leur donner la chaffe le lendemain.
Le fol de ce pays eft un fable gras & l'eau y
eft par-tout mauvaife. Le climat & les pro-
duétions du pays font à peu près les mêmes
que dans le voifinage de la rivière d'Orange.

Le lendemain matin nous quittâmes nos
bagages , & dirigeant notre courfe au nord ,

après

après avoir gravi une montagne fort efcarpée, nous entrâmes dans une grande plaine au nord. Elle étoit couverte de mezembrian-themum tuberofum. Là nous nous préparâmes à jouir des plaifirs qui nous avoient engagés à refter fur les bords de la rivière de Camdinie. Les antelopes s'étoient divifés en grandstrou-peaux d'au moins vingt ou trente mille chacun. Nous les pourfuivîmes depuis huit heures du matin jufqu'à midi, & nous en tuâmes & blefsâmes plufieurs. Les Hottentots qui nous accompagnoient en tuèrent plufieurs avec leurs flèches empoifonnées, qu'ils lancent avec une adreffe inimitable. L'après - midi nous nous rendîmes à un endroit appelé *le Kibiskou* où il y avoit un Kraal de Hottentots. Nous y reçûmes la vifite de quatre capitaines ou chefs qui nous divertirent beaucoup pendant toute la nuit.

Le 21, je fis une excurfion dans cette partie du pays pour y chercher des plantes, mais nous n'en vîmes que très-peu en fleurs. J'y trouvai une efpèce de pierre à feu dont les Hottentots fe fervent pour faire leurs harpons, & qu'ils regardent comme préférables à ceux de fer.

De là nous retournâmes au Bokkeveld où nous arrivâmes après une marche de quatre jours ; nous portâmes enfuite nos pas vers le

Windhock où nous arrivâmes en peu de jours.
Nous fûmes accueillis dans notre route de
plufieurs ondées accompagnées de tonnerre &
d'éclairs, & je fus retenu au Windhock par
les mauvais temps. Néanmoins je n'y fus pas
inactif; car je raffemblai un grand nombre de
plantes, ayant été affez heureux pour en
trouver de très - belles & qui étoient toute
l'année en fleurs. Il y a entr'autres un arbriffeau au milieu de ces plantes qui croît à la
hauteur d'environ vingt pieds. Son fruit fert
aux payfans à empoifonner les hyènes. La
manière de le préparer eft très-fimple. Ils le
font fécher, & le réduifent en poudre, dont
ils frottent foigneufement quelques morceaux
de viande. Lorfque cet appât en eft bien impré-
gné ils le jettent çà & là dans les endroits
où ces animaux féroces ont coutume de paffer.
Ce poifon eft fi actif, que lorfque les hyènes
en ont mangé, on les trouve ordinairement
mortes à peu de diftance du fatal appât. On
envoie de ce fruit par-tout dans le pays, afin
de détruire une plus grande quantité de ces
terribles animaux.

La terre dans cette contrée eft fertile &
produit du blé & d'excellens fruits ; mais les
vents de fud-eft qui foufflent des montagnes
font auffi pernicieux au grain lorfqu'il fort de

terre, que les vents dont fe plaignent les
habitans du Cap.

Le 6 décembre je me féparai de mon
hôte Niuvehoud, & je fus accompagné par fes
deux fils jufques fur la rive oppofée de la rivière
des Eléphans que je m'attendois à ne pas trouver guéable. L'eau étoit fi profonde que nous
en avions jufques fur la felle de nos chevaux.
Le même jour nous arrivâmes à Heer-Lod-
feiment. Là je quittai le bagage, & traverfant une plaine fablonneufe, je me rendis à la
maifon de Mme Low dans la vallée longue.

Le 8, mon chariot arriva, & le lendemain,
ayant prix un nouvel attelage de bœufs de
trait, je dirigeai mes pas vers Valley-Berg,
où je paffai deux jours, occupé à faire des
courfes dans le pays & à ramaffer des plantes.
Nous arrivâmes enfuite à la Croix où nous
reftâmes toute la nuit, & de là nous continuâmes notre route le long du Piquet-Berg.
Le foir, nous nous rendîmes chez Albert-
Hanna-Camp, où je paffai deux jours pendant
lefquels j'errai fur les montagnes.

Nous partîmes de là pour nous rendre à
Rie-Beck-Caftiel, chez M. Droyer, où je vifitai
le Roode-Sand ou terre de Van-Waveren,
qui eft fitué à l'orient de Rie-Beck-Caftiel.
C'eft un pays agréable & fertile, borné par

N 2

une grande chaîne de montagnes qui eſt terminée à l'eſt par la terre de Hottniqua , & à
l'oueſt par la chaîne de montagnes qui commence au Cap Falſe. Elles ſe réuniſſent au
nord où la montagne eſt appelée *le Winter-
Hocks-Berg*. Cette montagne eſt fort élevée ,
& pendant la plus grande partie de l'année
ſon ſommet eſt couvert de neige. A l'orient
on voit un pays agréable appelé *le Goudinnie*
où il y a un bain chaud. La rivière Bréed
prend ſa ſource dans cet endroit , & courant
à l'eſt va ſe joindre à la rivière Hexen ou des
Sorciers. Le long de la chaîne de montagnes,
qui commence au Cap Falſe , eſt ſitué le
Parel & Draken-Styne, pays fertile & bien
arroſé qui s'étend au ſud , & va gagner Stillen-
Boſch. Ce pays ne produit que du vin.

Dans le cours de ce voyage je vis un grand
nombre de mimoſas , particulièrement dans la
grande Nimiqua. Je ne puis terminer mon
Journal ſans fixer l'attention du lecteur ſur un
arbre qui doit étonner tous les voyageurs,
ſoit par rapport à ſa hauteur qui eſt prodi-
gieuſe , ou ſoit en conſidérant les uſages nombreux & différens auxquels la nature ſemble
l'avoir deſtiné. (1) Cet arbre produit beaucoup

_____

(1) *Voyez* la Planche.

de gomme dont les Naturels font un mêts délicieux ; les feuilles & les pointes inférieures des branches font le principal aliment du camé-léopard ; par la longueur de fes branches & fon écorce très-liffe, il fournit un lieu de retraite affuré à une efpèce d'oifeau (1) qui ne va que par bandes, en les garantiffant de ferpens & autres reptiles, qui détruiroient leurs œufs.

La manière dont ces oifeaux fabriquent ordinairement leurs nids eft tout-à-fait curieufe. Dans celui qui eft gravé fur la planche ci-jointe, il ne s'en trouve guères moins de huit cents ou mille, qui réfident fous le même toit. Je l'appelle toit, parce qu'il reffemble parfai-tement à celui d'une chaumière, & le fommet forme un angle fi aigu & fi uni, fe projetant fur l'entrée inférieure du nid, qu'il eft impof-fible aux reptiles d'en approcher.

L'induftrie de ces oifeaux eft prefqu'égale à celle des abeilles ; pendant le jour ils pa-roiffent fans ceffe occupés à porter une herbe d'une efpèce particulière par fa beauté, & dont ils fe fervent pour conftruire cet édifice fingulier, auffi bien que pour y faire des augmentations & des réparations. Quoique

(1) *Voyez* la planche du Loxia.

N 3

dans le féjour trop court que j'ai fait dans ce
pays il ne m'ait pas été poffible de les voir
long-temps travailler, je n'en ai pas moins la
preuve certaine qu'ils ajoutent à leur nid à
mefure que leur nombre augmente. J'ai vu
quelques-uns de ces arbres, dont les branches
en étoient entiérement couvertes ; d'autres
avoient fuccombé fous le poids, toujours
croiffant de ces nids. Quand l'arbre, ainfi
furchargé par ces villes aériennes, eft obligé
de céder, il eft évident que les oifeaux n'y
font plus en fûreté, & qu'alors ils font obligés
de conftruire de nouveaux nids fur d'autres
arbres.

J'ai eu la curiofité de brifer un de ces nids
ainfi abandonnés, pour examiner fa forme
intérieure, & je l'ai trouvée auffi admirable
que la ftructure extérieure. Il y a plufieurs
entrées dont chacune forme une rue regulière
avec des nids de chaque côté, à environ deux
pouces de diftance les uns des autres.

L'herbe avec laquelle ces nids font conftruits
eft appelée *herbe de Boshman*, & je crois que
fa graine eft la principale nourriture de ces
oifeaux, quoiqu'en examinant attentivement
l'intérieur, je trouvai des aîles & des pattes de
différens infectes. Selon toutes les apparences,
le nid que j'avois brifé avoit été habité pendant

plufieurs années, & il y avoit des parties plus
complettes que d'autres, ce qui eft une nouvelle preuve que ces animaux ajoutent à différentes reprifes, & quand ils le jugent néceffaire
à l'habitation de la famille ou plutôt de la
nation.

En quittant Ric-Beck-Caftiel, je pris ma
route à travers la terre de Swart, vers le
Grœna-Kloaf, où j'arrivai le jour fuivant, &
j'y trouvai les Fermiers occupés à faire la
récolte, & dans la foirée du 21 décembre
j'arrivai au Cap après un voyage de fix mois
& cinq jours.

APPENDIX.

Poifons du règne animal.

COMME la connoiffance des Poifons eft une des branches les plus intéreffantes de l'Hiftoire naturelle. J'ajouterai ici quelques obfervations que j'ai faites à ce fujet pendant mon féjour en Afrique & dans les Indes Orientales, où l'on fait que les règnes végétal & animal abondent en une infinité de productions dangereufes pour l'efpèce humaine.

Nous avons déja fait mention des Poifons du règne végétal qui fe trouvent en Afrique ; mais je ne me fuis pas autant étendu dans mes Remarques fur les *Reptiles venimeux* de ce pays. C'eft par cette raifon que, fur ces derniers, j'effaierai avant tout de fixer l'attention du Lecteur. J'obferverai feulement que n'étant pas très-verfé dans la Zoologie, je me fervirai des noms vulgaires qui leur font donnés dans le pays.

LE SERPENT A CORNES eft le plus venimeux de tous ces reptiles. Il eft d'une couleur grisâtre, & a environ dix-huit pouces de longueur. Sa tête qui eft très-aplatie, eft d'une grosseur proportionnée à son corps ; & est garnie de petites écailles qui s'élèvent au-dessus des yeux , & auxquelles les habitans donnent le nom de *cornes*.

Ce Serpent, si terrible par la nature de sa morsure , qui est mortelle , se trouve avec une prodigue abondance, principalement dans le pays des Boshmens & des Hottentots-Nimiqua ; ils se servent de son venin , de préférence à celui de tous les autres, pour empoisonner leurs flèches. Les Boshmens n'ayant pas du tout de bestiaux, & ne pouvant compter que sur leur chasse pour subsister , semblent avoir reçu ce poison de la nature , comme leur unique ressource contre les nombreux ennemis qu'ils ont à combattre de toutes parts. Tourmentés par la faim, ils quittent souvent leurs montagnes & enlèvent aux paysans Hollandois leurs bestiaux ; & s'ils n'étoient point munis de ces armes empoisonnées , ils seroient hors d'état d'échapper aux nombreux partis que les Hollandois enverroient contr'eux , & ces derniers ayant eu plusieurs compagnons tués ou très-dangereusement blessés n'osent pas trop se hasarder en s'opposant à leurs déprédations.

La manière ordinaire de préparer ce poison est de piler le Serpent tout entier jusqu'à ce qu'il se trouve réduit en onguent. On attache

enfuite une légère partie de cette fubftance
avec de petits nerfs au bout de la flèche , &
il y a deux ou un plus grand nombre de
hoches faites à cette même flèche pour qu'en
la retirant avec peine la plaie foit tout-à-fait
empoifonnée & demeure incurable.

Ce poifon eft quelquefois mélangé avec
d'autres pour former une préparation appelée
poifon de Rot , qui mortifie les chairs , prefque
fans douleur. La femme d'un payfan Hollandois qui fe rendoit au Cap , fut attaquée pendant la nuit par un parti de Boshmens , qui
vinrent pour lui enlever le bétail qu'elle con-
duifoit. Elle reçut un coup de flèche à l'épaule.
L'effet du poifon fut fi rapide qu'avant qu'elle
eût gagné le Cap , fa poitrine enfla & la cure
fut déclarée impoffible. Les gens du pays m'ont
rapporté cette anecdote & beaucoup d'autres
de la même nature. Je ne fouhaite pas avoir
des preuves de leur authenticité ; mais au Cap
on les regarde comme avérées. Plufieurs Hottentots font morts de la morfure de ces Serpens venimeux, néanmoins j'en ai vu plufieurs
qui en étoient échappés , quoique , d'après les
informations que j'ai prifes , ils n'aient point
d'autre remède que le cautère actuel.

Le KOUSE-BAND ou Serpent à jarretière eft
une autre efpèce de reptile venimeux de ce

pays. Il eſt dangereux, principalement pour
les voyageurs, en ce que ſa couleur eſt ſi parfaitement ſemblable à celle du ſol, qu'on
l'aperçoit difficilement. Le Kouſe - Band eſt
petit & il excède rarement dix-huit pouces de
longueur. Je le crois le même que le *Covra-
Manilla* des Indes Orientales. On prétend que
ſa morſure donne la mort preſqu'à l'inſtant
même où l'on en eſt atteint ; mais comme
tous les Serpens perdent une portion conſi-
dérable de leur venin, en répétant leurs mor-
ſures, il peut y avoir des temps où le poiſon
n'eſt pas ſi violent. J'ai vu, aux bains chauds,
qui ſont près du Cap, un fermier qui avoit été
mordu au pied par un *Kouſe - band*. Pendant quelque temps il trouva beaucoup de
ſoulagement à baigner la partie malade dans
de l'eau froide mélée avec une grande quantité
de ſel. Lorſque je le vis, il étoit boiteux depuis
deux ans, & lorſqu'il prenoit un exercice un
peu forcé ſa jambe enfloit, juſqu'à ce qu'un
bain chaud fît diſparoître cette enflure.

Le SERPENT JAUNE, qui ne diffère que
par la couleur du *Covra-capella* ou Serpent à
capuchon de l'Inde, ſe trouve ici en grande
quantité. Quoiqu'extrêmement venimeux, ſa
groſſeur & ſa couleur d'un jaune brillant, le
rendent extrêmement facile à éviter. Ils ont de

quatre à huit pieds de longueur. Le *Serpent jaune* se trouve presque toujours dans les trous de rats. Après avoir mangé ces animaux qui leur servent principalement de nourriture, ils s'emparent de leurs trous. C'est pourquoi il est très-dangereux pour un voyageur de se coucher dans les endroits où il peut apercevoir quelques traces de ce reptile destructeur.

Les Hottentots se procurent le venin de ce Serpent en ouvrant la poche qui se trouve dans l'intérieur de sa bouche, & en y trempant des nerfs, qu'ils attachent ensuite à la pointe de leurs flèches.

Le PUFF-ADDER, Serpent soufflé qui tire son nom de la faculté qu'il a de s'enfler & de porter sa grosseur à près d'un pied de circonférence, est d'une couleur grisâtre, & a environ trois pieds & demi de longueur. Il est beaucoup plus épais qu'aucun de ceux que j'ai vus dans le pays ; sa tête est large & plate, son dard a un pouce de long & est recourbé. Le *Puff-adder* est très-dangereux pour les bestiaux. Dans une excursion que je fis dans l'intérieur du pays, un de mes chevaux fut mordu à la bouche par un de ces reptiles, pendant qu'il paissoit, & il mourut au bout de deux jours.

Le SPRING-ADDER, ou Serpent du printemps, eſt extrêmement dangereux, mais très-rare. Il eſt d'un jais noir, tacheté de blanc, & il a trois ou quatre pieds de longueur ſur une groſſeur proportionnée. Quand le colonel Gordon, aujourd'hui Commandant en chef au Cap, alla dans ce pays en 1775, il rencontra deux petits eſclaves qui étoient pourſuivis par un *Spring-adder*, qui étoit prêt à les atteindre au moment où il le coupa en deux d'un coup de fuſil.

Le SERPENT DE NUIT, qui eſt le plus beau de tous les Serpens, a de dix-huit à vingt pouces de longueur, & eſt très-mince. Sa couleur eſt un mélange de noir, de rouge & de jaune, & quand il approche pendant la nuit, il paroît tout de feu. Les Hottentots lui donnent le nom de *Killmen*.

J'ai vu ces ſix eſpèces de Serpens aux environs du Cap de Bonne-Eſpérance, & j'en ai rapporté conſervés dans l'eſprit de vin pour qu'on pût mieux les examiner. Je regrette beaucoup cependant, mon principal objet ayant été de raſſembler des plantes, de n'avoir pas pu reſter aſſez long-temps dans aucun endroit pour faire ſur leurs différens venins des expériences qui m'auroient mis en état de donner un précis exact de leurs effets. Il y a, je n'en doute pas, dans ce pays,

d'autres efpèces de Serpens que nous ne con-
noiffons pas encore. Les Naturels m'ont parlé
d'un , entr'autres , appelé le *Spoog-flang* (Serpent cracheur) qui lance fon venin à plufieurs pas
de diftance & rend le malheureux voyageur
aveugle pour la vie : je n'en ai jamais vu de
cette efpèce.

Le SCORPION NOIR ou de ROCHER eft
prefque auffi venimeux que les Serpens. Un
Fermier qui demeuroit dans un endroit appelé
le Parle , près du Cap , fut piqué au pied par
un de ces animaux , pendant le féjour que j'y
fis , & il mourut peu d'heures après.

Le Docteur Syde , Médecin au Cap , me
dit qu'on lui avoit amené plufieurs perfonnes
piquées par des Scorpions , & qu'il avoit
éprouvé que l'huile étoit le meilleur antidote
dont on pût fe fervir pour ces bleffures. Les
Naturels de l'Inde tiennent la partie offenfée
auffi près du feu qu'il eft poffible & pendant
un temps confidérable ; ils prétendent que ce
moyen fuffit pour opérer une cure parfaite.

J'ajouterai ici quelques obfervations que j'ai
faites lorfque je fervois dans l'armée du Sud,
aux Indes Orientales , relativement à quelques
foldats qui furent mordus par des Serpens dans
cette campagne.

Les contrées méridionales de l'Indoftan

contiennent beaucoup de Serpens d'une petite
efpèce appelée la *Covra-manilla*, que l'on fait
être très-venimeufe. Les Bramines nous difent
qu'ils peuvent adminiftrer un remède efficace
dans les cas qui paroiffent les plus défefpérés;
mais jufqu'ici leur méthode a été un fecret pour
les Européens. Le Colonel Fullarton fe procura
cependant une petite boîte de leurs pillules
par le canal de M. Swartz , Miffionnaire à
Tanjou , & au fiége de Carrore nous eûmes
occafion d'en éprouver les bons effets. Un de
nos Sipayes fut mordu , & le venin eut un
effet fi prompt que nous défefpérions de fa vie.
Le Colonel lui donna une de ces pillules qui
fit l'effet d'un opiat pendant quelques momens,
& le jeta dans le délire. En deux jours il fut
parfaitement rétabli.

Nous eûmes une feconde preuve de l'effi-
cacité de ces pillules , quoique le fujet auquel
on adminiftra ce remède , ne fût pas , à
beaucoup près , auffi malade que le premier.
Je fus témoin d'une troifième circonftance ,
où nous ne pûmes pas nous procurer de ces
pillules. Un Domeftique de M. Smith , qui
fervoit comme Lieutenant dans le même
Régiment que moi , fut mordu par une *Covra-
manilla*. Le Lieutenant ne lui donna que de
l'eau de vie & du vin de Madère chaud ,

ayant foin de le tenir pendant vingt-quatre heures dans une ivreffe continuelle. Le jour fuivant , la douleur avoit difparu , mais il continua à être malade pendant quelque temps.

Un Soldat du foixante-dix-huitième Régiment ayant été mordu par un Serpent , fut fi malade que tout fon corps devint livide, les chirurgiens de l'armée avoient défefpéré de fa cure, nous héfitâmes à recourir aux pillules du Bramine, il fut affez heureux pour que la force de fon tempérament le fauvât.

J'ajouterai un exemple qui a rapport à la morfure des Serpens , & qui arriva près du Bengale, perfuadé que le lecteur ne le croira pas au-deffous de fon attention. Une brigade y fut cantonnée , les maïfons étoient reftées inhabitées pendant quelque temps ; bientôt après que le détachement y eut pris fes quartiers, on trouva plufieurs hommes morts , fans pouvoir d'abord en deviner la caufe. Nous ne demeurâmes pas long-temps dans cette incertitude , & on découvrit bientôt que cet accident provenoit de la morfure de Serpens. Ayant fait les recherches les plus exactes , nous reconnûmes que les murailles en recéloient une quantité prodigieufe ; après en avoir détruit la plus grande partie, on fit mettre

dans

dans les chambres beaucoup d'oignon & d'ail, après quoi ils disparurent entièrement.

Il est à désirer que l'on puisse découvrir un remède certain contre la morsure des Serpens, & qu'il soit portatif, afin que le Naturaliste en ait toujours avec lui dans ses voyages de long cours. Les Botanistes ou les Naturalistes étant plus exposés qu'aucune autre classe d'hommes, lorsqu'ils sont errans dans les campagnes parmi les arbrisseaux & les simples où ils ne peuvent pas apercevoir ces reptiles aussi facilement que ceux qui ne fréquentent que des sentiers battus. Il est rare qu'ils puissent porter un lit avec eux, & quand ils sont couchés sur la terre, ils peuvent en se retournant poser sur ces animaux venimeux, que la chaleur naturelle de l'homme attire souvent auprès d'eux; il est même assez ordinaire qu'ils pénètrent jusques dans les lits, comme je l'ai vu plusieurs fois dans les Indes orientales.

Poisons du règne végétal.

Quoiqu'il y ait peu de pays dans le monde où il se trouve plus de végétaux venimeux que dans les terres voisines du Cap de Bonne-Espérance, les dangers que court le voyageur proviennent plutôt des animaux. Il

O

peut éviter les uns, mais il eft fans ceffe expofé à devenir la proie des autres. Je ne
connois que quatre plantes qui foient communément employées comme des moyens de
deftruction.

La première eft une grande plante bulbeufe,
l'amarillis difticha, que l'on appelle le *poifon
des fous*, eu égard aux effets qu'il produit fur
les animaux bleffés avec des armes qui en font
imprégnées. Les Naturels préparent ce poifon
de la manière fuivante. Ils prennent les bulbes
à l'inftant où elles fe développent en jeunes
feuilles, & les coupant tranfverfalement, ils
en extraient une liqueur épaiffe qu'ils expofent
au foleil jufqu'à ce qu'elle fe foit coagulée; cette
liqueur eft alors propre à envenimer leurs
flèches de la manière que nous avons dit ci-
devant en parlant des poifons du règne
animal.

Les chaffeurs emploient cette efpèce de
poifon principalement pour tuer les animaux
qu'ils deftinent à leur nourriture, tels que les
antelopes & autres petits quadrupèdes. Après
qu'ils font bleffés ils peuvent courir, & courent
ordinairement plufieurs milles, & il arrive
fouvent qu'on ne les trouve que le lendemain,
malgré que la fubftance empoifonnée ait pénétré jufqu'aux parties mufculaires.

Quand les feuilles de cette plante font jeunes, les beftiaux les broutent avec avidité & meurent prefqu'au même inftant. Les fermiers par cette raifon, ont grand foin de ne pas les laiffer approcher des terrains où ils fuppofent qu'il en peut croître.

La feconde eft une efpèce d'*euphorbe* qui fe trouve dans la partie du pays, habitée par les Boshmens, & dans la grande Nimiqua. On fe fert auffi de la gomme que l'on en extrait, pour rendre mortelles les bleffures des flèches, en les imprégnant de ce poifon ; mais on emploie plus communément cette plante à empoifonner l'eau où les animaux vont boire. Un étranger qui voyage dans ce pays doit, par conféquent, avoir attention d'examiner une fource avant de rifquer de boire de fon eau.

Cette plante s'élève à dix-huit ou vingt pieds de terre, & il en fort un grand nombre de branches hériffées de fortes épines. Les Naturels coupent autant de branches qu'il leur en faut pour détruire les animaux qu'ils veulent empoifonner. Ils conduifent ordinairement l'eau à quelques pas de fa fource dans un puits fait exprès ; enfuite y mettant de l'*euphorbe* & recouvrant la fource, les animaux n'ont pas le choix de l'endroit où ils veulent boire. Dans

O 2

ce pays, où l'eau est très-rare, il y a quelquefois vingt milles de distance d'une source à l'autre.

Le seul animal que j'aye jamais vu empoisonné par ce moyen étoit un zèbre ; il étoit tombé à environ un demi-mille de la fontaine. Les Naturels m'ont assuré qu'aucun de ceux qui buvoient de l'eau ainsi empoisonnée ne pouvoient échapper, quoique leur chair n'en contractât aucune qualité malfaisante.

Le troisième poison du règne végétal provient d'une espèce de *rhus*, que l'on ne trouve que près de la Grande-Rivière, ou rivière d'Orange ; & on le dit très-dangereux. Ceux qui font l'extraction de ce poison ont grand soin de se couvrir les yeux, car la moindre goutte qui pourroit sauter dans cette partie délicate les priveroit infailliblement de la vue. On s'en sert quelquefois pour empoisonner les flèches.

Le quatrième est le seul poison réellement utile aux habitans Européens ; c'est un petit arbrisseau qui produit une noix appelée par les Hollandois *woolf-gift* ou *poison de loup*, dont on fait usage pour empoisonner les hyènes.

La manière de l'apprêter est de prendre les noix & de les brûler comme on brûle le café, après quoi on les réduit en poudre. On prend enfuite des morceaux de viande, ou un chien mort, fur lequel on répand de cette poudre, & on jette l'appât dans les champs. L'hyène, animal extrêmement vorace, a bientôt dévoré cet appât , & on la trouve morte le lendemain.

FIN.